海上絲綢之路基本文獻叢書

禹貢水道考异（一）

〔清〕方堃 著

文物出版社

圖書在版編目（CIP）數據

禹貢水道考异．一 /（清）方堃著．-- 北京 ：文物出版社，2023.3
（海上絲綢之路基本文獻叢書）
ISBN 978-7-5010-7928-5

Ⅰ．①禹… Ⅱ．①方… Ⅲ．①《禹貢》—考證 Ⅳ．①K928.6

中國國家版本館 CIP 數據核字（2023）第 026235 號

海上絲綢之路基本文獻叢書
禹貢水道考异（一）

著　　者：〔清〕方堃
策　　劃：盛世博閲（北京）文化有限責任公司

封面設計：鞏榮彪
責任編輯：劉永海
責任印製：王　芳

出版發行：文物出版社
社　　址：北京市東城區東直門内北小街 2 號樓
郵　　編：100007
網　　址：http://www.wenwu.com
經　　銷：新華書店
印　　刷：河北賽文印刷有限公司
開　　本：787mm×1092mm　1/16
印　　張：16
版　　次：2023 年 3 月第 1 版
印　　次：2023 年 3 月第 1 次印刷
書　　號：ISBN 978-7-5010-7928-5
定　　價：98.00 圓

總緒

海上絲綢之路，一般意義上是指從秦漢至鴉片戰争前中國與世界進行政治、經濟、文化交流的海上通道，主要分爲經由黄海、東海的海路最終抵達日本列島及朝鮮半島的東海航綫和以徐聞、合浦、廣州、泉州爲起點通往東南亞及印度洋地區的南海航綫。

在中國古代文獻中，最早、最詳細記載『海上絲綢之路』航綫的是東漢班固的《漢書·地理志》，詳細記載了西漢黄門譯長率領應募者入海『齎黄金雜繒而往』之事，書中所出現的地理記載與東南亞地區相關，并與實際的地理狀况基本相符。

東漢後，中國進入魏晋南北朝長達三百多年的分裂割據時期，絲路上的交往也走向低谷。這一時期的絲路交往，以法顯的西行最爲著名。法顯作爲從陸路西行到印度，再由海路回國的第一人，根據親身經歷所寫的《佛國記》（又稱《法顯傳》）一書，詳細介紹了古代中亞和印度、巴基斯坦、斯里蘭卡等地的歷史及風土人情，是瞭解和研究海陸絲綢之路的珍貴歷史資料。

隨着隋唐的統一，中國經濟重心的南移，中國與西方交通以海路爲主，海上絲綢之路進入大發展時期。廣州成爲唐朝最大的海外貿易中心，朝廷設立市舶司，專門管理海外貿易。唐代著名的地理學家賈耽（七三〇～八〇五年）的《皇華四達記》記載了從廣州通往阿拉伯地區的海上交通『廣州通海夷道』，詳述了從廣州港出發，經越南、馬來半島、蘇門答臘島至印度、錫蘭，直至波斯灣沿岸各國的航綫及沿途地區的方位、名稱、島礁、山川、民俗等。譯經大師義净西行求法，將沿途見聞寫成著作《大唐西域求法高僧傳》，詳細記載了海上絲綢之路的發展變化，是我們瞭解絲綢之路不可多得的第一手資料。

宋代的造船技術和航海技術顯著提高，指南針廣泛應用於航海，中國商船的遠航能力大大提升。北宋徐兢的《宣和奉使高麗圖經》詳細記述了船舶製造、海洋地理和往來航綫，是研究宋代海外交通史、中朝友好關係史、中朝經濟文化交流史的重要文獻。南宋趙汝适《諸蕃志》記載，南海有五十三個國家和地區與南宋通商貿易，形成了通往日本、高麗、東南亞、印度、波斯、阿拉伯等地的『海上絲綢之路』。宋代爲了加强商貿往來，於北宋神宗元豐三年（一〇八〇年）頒布了中國歷史上第一部海洋貿易管理條例《廣州市舶條法》，并稱爲宋代貿易管理的制度範本。

元朝在經濟上採用重商主義政策，鼓勵海外貿易，中國與世界的聯繫與交往非常頻繁，其中馬可·波羅、伊本·白圖泰等旅行家來到中國，留下了大量的旅行記，記録元代海上絲綢之路的盛况。元代的汪大淵兩次出海，撰寫出《島夷志略》一書，記録了二百多個國名和地名，其中不少首次見於中國著録，涉及的地理範圍東至菲律賓群島，西至非洲。這些都反映了元朝時中西經濟文化交流的豐富内容。

明、清政府先後多次實施海禁政策，海上絲綢之路的貿易逐漸衰落。但是從明永樂三年至明宣德八年的二十八年裏，鄭和率船隊七下西洋，先後到達的國家多達三十多個，在進行經貿交流的同時，也極大地促進了中外文化的交流，這些都詳見於《西洋蕃國志》《星槎勝覽》《瀛涯勝覽》等典籍中。

關於海上絲綢之路的文獻記述，除上述官員、學者、求法或傳教高僧以及旅行者的著作外，自《漢書》之後，歷代正史大都列有《地理志》《四夷傳》《西域傳》《外國傳》《蠻夷傳》《屬國傳》等篇章，加上唐宋以來衆多的典制類文獻、地方史志文獻，集中反映了歷代王朝對於周邊部族、政權以及西方世界的認識，都是關於海上絲綢之路的原始史料性文獻。

海上絲綢之路概念的形成，經歷了一個演變的過程。十九世紀七十年代德國地理學家費迪南·馮·李希霍芬（Ferdinad Von Richthofen，一八三三～一九〇五），在其《中國：親身旅行和研究成果》第三卷中首次把輸出中國絲綢的東西陸路稱爲『絲綢之路』。有『歐洲漢學泰斗』之稱的法國漢學家沙畹（Édouard Chavannes，一八六五～一九一八），在其一九〇三年著作的《西突厥史料》中提出『絲路有海陸兩道』，蘊涵了海上絲綢之路最初提法。迄今發現最早正式提出『海上絲綢之路』一詞的是日本考古學家三杉隆敏，他在一九六七年出版《中國瓷器之旅：探索海上的絲綢之路》中首次使用『海上絲綢之路』一詞；一九七九年三杉隆敏又出版了《海上絲綢之路》一書，其立意和出發點局限在東西方之間的陶瓷貿易與交流史。

二十世紀八十年代以來，在海外交通史研究中，『海上絲綢之路』一詞逐漸成爲中外學術界廣泛接受的概念。根據姚楠等人研究，饒宗頤先生是中國學者中最早提出『海上絲綢之路』的人，他的《海道之絲路與昆侖舶》正式提出『海上絲路』的稱謂。選堂先生評價海上絲綢之路是外交、貿易和文化交流作用的通道。此後，學者馮蔚然在一九七八年編寫的《航運史話》中，也使用了『海上絲綢之路』一詞，此書更多地限於航海活動領域的考察。一九八〇年北京大學陳炎教授提出『海上絲綢之路』研究，并於一九八一年發表《略論海上絲綢之路》一文。他對海上絲綢之路的理解超越以往，且帶有濃厚的愛國主義思想。陳炎教授之後，從事研究海上絲綢之路的學者越來越多，尤其沿海港口城市向聯合國申請海上絲綢之路非物質文化遺産活動，將海上絲綢之路研究推向新高潮。另外，國家把建設『絲綢之路經濟帶』和『二十一世紀海上絲綢之路』作爲對外發展方針，將這一學術課題提升爲國家願景的高度，使海上絲綢之路形成超越學術進入政經層面的熱潮。

與海上絲綢之路學的萬千氣象相對應，海上絲綢之路文獻的整理工作仍顯滯後，遠遠跟不上突飛猛進的研究進展。二〇一八年厦門大學、中山大學等單位聯合發起『海上絲綢之路文獻集成』專案，尚在醞釀當中。我們不揣淺陋，深入調查，廣泛搜集，將有關海上絲綢之路的原始史料文獻和研究文獻，分爲風俗物産、雜史筆記、海防海事、典章檔案等六個類别，彙編成《海上絲綢之路歷史文化叢書》，於二〇二〇年影印出版。此輯面市以來，深受各大圖書館及相關研究者好評。爲讓更多的讀者親近古籍文獻，我們遴選出前編中的菁華，彙編成《海上絲綢之路基本文獻叢書》，以單行本影印出版，以饗讀者，以期爲讀者展現出一幅幅中外經濟文化交流的精美畫卷，爲海上絲綢之路的研究提供歷史借鑒，爲『二十一世紀海上絲綢之路』倡議構想的實踐做好歷史的詮釋和注脚，從而達到『以史爲鑒』『古爲今用』的目的。

凡例

一、本編注重史料的珍稀性，從《海上絲綢之路歷史文化叢書》中遴選出菁華，擬出版數百册單行本。

二、本編所選之文獻，其編纂的年代下限至一九四九年。

三、本編排序無嚴格定式，所選之文獻篇幅以二百餘頁爲宜，以便讀者閱讀使用。

四、本編所選文獻，每種前皆注明版本、著者。

五、本編文獻皆爲影印，原始文本掃描之後經過修復處理，仍存原式，少數文獻由於原始底本欠佳，略有模糊之處，不影響閱讀使用。

六、本編原始底本非一時一地之出版物，原書裝幀、開本多有不同，本書彙編之後，統一爲十六開右翻本。

目録

禹貢水道考异（一）

禹貢水道考异（一）

序至南條水道考异

〔清〕方塈　著

清道光刻本

禹貢水道攷異序

歲戊辰余典試湘南得友
生冉亭卷博雅光怪其逸
與奇字簾官或不盡識次
藝擬河海而不洩文徵引

說實乃出山經水記之外
意其人必長於地理之學
者越十餘年復奉
總制兩湖冉亭攜所著各
種來謁中有二種談地理

者曰山海經辨正圖證詁
歷稽山經某山在今某府
某縣辨正郭王諸家之誤
一曰水道發異折衷漢唐
以來禹貢注家之異說而

係多臺目驗北係為據目
見之人之令以為寔論蓋
與空言揣者迥相徑庭
矣余惟弦据之學莫雜於
地理亦莫易於地理耳目

所不及不能臆度非若義理之可懸斷可不謂難乎山川之形亘古如故間有變徙殊稱故迹遺文猶可考見又非若古器之朽而

三

不留可不謂易乎冉亭是書必主目驗與目見之人之書誠能易其難而不難其易　懷戊辰閏中卷蓋嘆有本之學耶一郎

一鑿具見淵源也稿分南北二編茲命并為一集而序之如此

道光四年立冬前一日

通家生李鴻賓撰

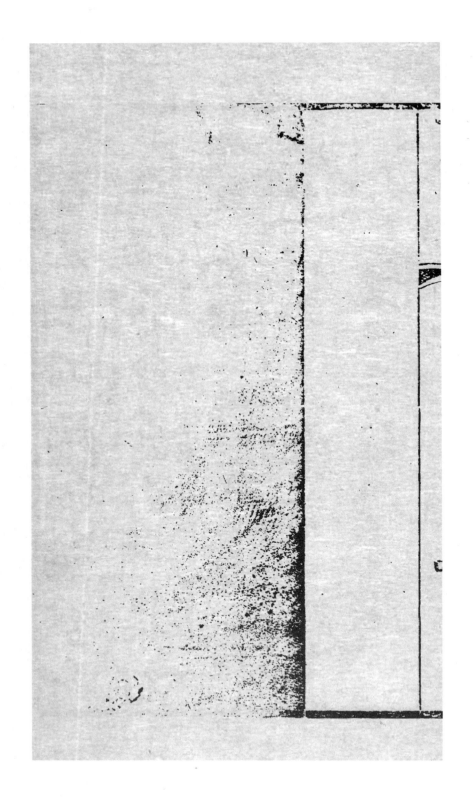

禹貢水道考異南條序

地理之說無如目驗其次莫如博稽載籍而悉心以參之若夫畧據紙上陳言一知半解則一言之悞千載滋疑矣夫古來紀山水者唯禹貢爲最桑酈因之作水經及註酈是言山水者無慮數十家然水經發明禹貢而或失禹貢本旨酈元發明水經而或又失水經本旨諸家發明桑酈而或又失二家之意者比比也豈非目驗未周而博稽難徧耶余爲讀諸編輙摘其參差者比類互勘然余南人於南條多目覩南方

紀載亦多留意乃取南條之水見於經而諸家異說者參考
折衷以爲讀禹貢之一助其間或廣諸家所未及或與諸家
有異同皆稽之古而驗之今非臆也雖然小顏釋班史彈射
數十家無完膚而三劉正小顏者亦復不少目睫之喻古人
所怵今之所稽後人復有以正之則幸矣夫北條別有稿

道光三年十月穀旦巴陵方墪冉亭甫序

凡例七條

一禹貢導水分南北二條北以河爲經南以江漢爲經弱水居河上流黑水居江上流長與江河畧等故列諸首然以荒遠故止畧叙數語而不及南北二條之詳文法最爲謹嚴言水道者不用其例遂覺零碎無紀今以河爲北條之經而渭洛濟濰諸水皆附其內濰雖入海亦係逆河以江漢爲北條之經而九江三澨桓澧皆附其內淮雖入海亦係北江統括無遺也青海以北沙瀚諸水統于弱有辨詳後金

沙以南滇廣諸水統于黑而弱之上源潛通河黑之上源潛通江則亦統於南北二條矣今以江河南北二條爲正而黑弱類附亦庶幾禹貢詳近畧遠之意歟

一是編雖主禹貢然水名見於十三經山海經而有異說者亦爲附著蓋三代以上之書讀者俱宜推求也

一書名者異故必求道有異說者乃爲辯說無異說者止畧記所逕縣名以爲之綱而每縣中小曲折所逕小山水不及詳載以輿誌自備毋容贅也然覩酈註則爲畧覩桑經

則已詳矣

一水道所經縣名代有更改若先列古名而後及近名則繁瀆難稽止列近名而不及前代又不見源委今各水所逕專列

郡縣名而辨論中錯引前代悉爲註明今屬某縣庶開卷瞭然亦本水經止載漢縣酈註止載魏縣之意而酌增之者也

一考辨間出新解皆必於古書有據于時驗可憑否亦不敢

好異也至揣理如是而未有確證者列之存疑以俟識者

一水道有關經濟者如灘險爲征車所宜諳隄堰爲生人所繫命而隄堰尤急故職方詳九州之浸而不詳灘險是編主于考異故灘險概畧隄堰亦止及江淮河數大處利害較甚者焉

一先儒謂作古文者不可有註疏氣余謂爲註疏者亦不可有古文氣蓋求工于文則徵實難循此考據與文章所以判爲二途而山水尤甚閻徵君四書釋地辨證既多行文

者不甚工

一繪圖者千里毫釐未易硝當惟西人計度以京師爲東西之中而計各處東西距度以知遠近以極星爲南北之中而計各處望極高低以知遠近最爲精密今遵其法諸水疏密悉依距度九州之內分南北條各條南條直下十二度北條直下十三度横十四度北條十五九州之外崑崙流沙附見經文者不容概畧則稍爲縮繪以存其概焉凡水畫爲陽文伏流故道爲陰文以别之

一從來圖禹貢者錄古時州名水名而不及近代省名水名
圖方輿者錄近代省名水名而不及古昔州名水名以幅
狹也今分南北二圖每圖又分數幅故古近稱名皆得畢
載使閱者易于稽考今昔云

禹貢水道考異目錄 南條

職方穎湛附存疑　岷山導江合崌山江崍山江　梁州沱數十

合和川水即大渡青衣水又合金沙江即古若水　合桓水以上四川　荆

州沱數十

卷三

至澧　雲夢以上湖南北界　九江　沅湘資瀟附辨以上湖南兼貴州廣

西界

卷四

至東陵湖南北界　東迤江西　北會于滙江南　導山過九江

南條水道考異卷一

東陵方堃著

嶓冢導漾東流爲漢

漢水出寧羌州北稍西九十里之嶓冢山（西十度二十分極南三十三度）東南流折而北又東北經沔縣西南境又東北流有沔水合沮水漾水來會之口水經漾水出隴西氐道縣（今陝西甯羌州北六十里）嶓冢山東至武都沮縣（今甯羌州畧陽縣地）爲漢水蓋謂漢水初出寧羌州北名漾東北流至寧羌畧陽間乃名漢正合尙書嶓冢導漾東流爲漢之義也又云沔水出武都沮縣

東狼谷中東南流注漢曰沮口注云沔水一名沮水闞駰以初出沮洳故名同爲漢水之源也然則水經之意蓋謂漢水別源東出寧羌州東北名沔又名沮下流至寧羌州北之漾水故沔漢亦得互相通稱也但漢沔合流已是一水而其沔水篇下文則言至江夏沙羨縣北入於江沙羨今湖北漢陽江夏縣漾水篇下文則言至葭萌今四川保寧府廣元縣至江津縣入江江津今重慶府江津縣若判然二水者且葭萌至江津之水雖稱西漢實出鞏昌秦州常璩班固所謂出隴西西縣嶓冢

者隴西縣卽今秦州西南六十里之嶓冢與氐道之漾水似不相通而謂氐道之漾流至葭萌何哉考沔水篇注云漢水東北流得獻水口庾仲雍云是水南至關城合西漢水漾水篇注云西漢水在關城北又西南徑通谷水通谷水出東北通溪上承漾水西南流爲西漢水獻水口在今寧羌關城在今昭化之北然則漢水未合沔水之前已分爲二支一支東南由沮縣合沔水至武昌入江一支西南由昭化合西漢水至江津入江水經沔水篇旣詳其東支故漾水篇止詳其

西支其實互相備也闞駰云西源出隴西嶓冢山會北水逕葭萌入漢始源曰沔明隴西縣水合漢支流漢支流始源曰沔是則正流雖不相注而支流實相通又何疑於漾水之不能達西漢哉酈元未察於此乃疑沔水無西入之理而引漢壽伏流爲說失之矣然酈元於沔水篇亦載獻水口通谷水之相通而不知引以爲說者蓋初註漢水時未見其說及後見之未及追改前註耳康成註詩與禮異朱子註詩與孟子異皆由前後所見之異又何疑於道元

哉然則漢源有三、水經氐道之漾、沮縣之沔、乃禹貢漢水之三源、常璩班固諸人所云西漢水出隴西縣、非禹貢漢水也、特以隴西縣水下流合漢支流而名曰西漢、又氐道與隴西縣相去四百里、山脈隱隱相屬、志所謂隴東之山皆嶓冢、故同得嶓冢之名耳、許愼闞駰呂忱並言漾水出隴西源道縣、今鞏昌府秦州伏羌縣地雖隔諸川、而伏流潛通、漾水篇注云西漢水又西南逕祁山軍南、又建安川水入焉、祁山今秦州西和縣之祁山建安水導源建威西北白石戍、建威在秦州伏羌縣逕塞

峽左山側有石穴洞人言潛通下辨按下辨乃沮水支流
所經此猶道伏流能達沮縣之証也又闞駰云漢或爲漾
漾水出崑崙西北隅至氐道重源顯發而爲漾水酈道元
曰余按山海經漾水出崑崙西北隅而南流注於配塗之
水穆天子傳庚辰濟於漾水然川流隱伏卒難詳昭地理
潛閟變通無方復不可全言闞氏之非按山海經漾作洋
配作醜藍所見異本又古本洋漾通用也夫河濟源皆伏
行或數千里或數百里非古人綜理之精者不足以書之

今山海經崑崙旣有漾水之名則謂漢出崑崙重源見於嶓冢亦理之所有者也常考漢之旁源由地穴涌出者甚衆沔水篇注云沔水出湖城北山石穴中注漢水（今漢中府城固縣地）又沔水篇註云漢水又東右會溫泉水水發北山平地方數十步泉源沸涌（亦在城固地）又北漢中郡安陽縣灞谷水出西南入漢沔水篇註云魏分漢中立魏興郡安陽隸焉（今漢中府興安及陽縣地）左谷水出漢北卽聲水也北發聽山下有穴穴水東南流歷平山而南入漢然則闞氏以氐道之漢爲

潛源重發者亦非無謂矣蔡氏書傳以經言嶓冢導漾先言山而後言水疑漾水祗出嶓冢無復遠源惟導淮自桐柏之類先言水而後言山者別有遠源然徐宏祖溯江源出於崑崙山南而經言岷山導江亦先山後水則因禹之行水爲序非因源短也今人但知江河皆出崑崙而不知漢水亦出崑崙故附著之又山海經西山經嶓冢之山漢水出焉而東南流注於江海內東經云漢水出鮒魚之山帝顓頊葬於陽九嬪葬於陰酈道元謂鮒魚即嶓冢者

非也按山海經大荒北經云東北海之外河水之間鮒鰅之山帝顓頊與九嬪葬焉海外北經云務隅之山帝顓頊葬於陰鮒隅務隅即鮒魚之轉音然則顓頊所葬在東北方近河而不得在西方漢水源亦明矣帝王世紀顓頊葬東郡頓邱城南廣陽里（頓邱今直隸大名府開州河南滑縣間）此顓頊葬東北方之証博物志衛地跨於河北得淇水南過漢上左通曾澤右指黎山是衛南亦有漢水漢上異地同名而開州正屬衛南今其地有鮒鰅山亦名廣陽山顓頊所葬然則

斷魚漢水在東北方開州滑縣間又明矣雖河徙名變而
載籍可稽烏得以亂嶓冢之漢哉道元註淇水云淇水逕
雍榆城南又北歷廣陽里顓頊冢西正合世紀之文是道
元亦知顓頊葬東北滑縣矣嶓冢之註未及追改耳源出甯羌州西十度二分北極出地高三十三度

梁州潛

漢水自沔縣分潛水東至褒城縣有褒水出郿縣大白山
合斜谷水東南流注之世謂之黑龍江又東南至漢中府

治南鄭縣過府城南又東北流經城固縣洋縣東南流經西鄉縣石水縣漢陰縣興安州平利縣洵陽縣鎮安縣白河縣入湖北鄖陽府鄖西縣鄖縣爲堵水過府城南至均州城北有丹水自陜西商州秦嶺合淇河金井河來注之

○爾雅水自漢出曰潛禹貢梁州荆州皆言之以余考之梁州之潛以潛名者凡三而推類以求則有十郭璞云有水從漢中沔陽縣南流至梓潼漢壽入大穴中道峒山下西南潛出（沔陽乃今漢中府沔縣 漢壽乃今四川廣元縣）此一潛也水經潛水篇

鮒魚瀆水在東北方開州滑縣間又明矣雖河徙名變而載籍可稽烏得以亂嶓冢之漢哉道元註淇水云淇水逕雍榆城南又北歷廣陽里顓頊冢西正合世紀之文是道元亦知顓頊葬東北滑縣矣嶓冢之註未及追改耳源出甯羌州西十度二分北極出地高三十三度

梁州潛

漢水自河縣分潛水東至褒城縣有褒水出郿縣大白山合斜谷水東南流注之世謂之黑龍江又東南至漢中府

治南鄭縣過府城南又東北流經城固縣洋縣東南流經西鄉縣石水縣漢陰縣興安州平利縣洵陽縣鎮安縣白河縣入湖北鄖陽府鄖西縣鄖縣爲堵水過府城南至均州城北有丹水自陝西商州秦嶺合淇河金井河來注之○爾雅水自漢出曰潛禹貢梁州荆州皆言之以余考之梁州之潛以潛名者凡三而推類以求則有十郭璞云有水從漢中沔陽縣南流至梓潼漢壽入大穴中道嶓山下西南潛出沔陽乃今漢中府沔縣漢壽乃今四川廣元縣此一潛也水經潛水篇

潛水出巴郡宕渠縣今夔州府之新寧縣及順慶府之渠縣也註云潛水蓋漢水枝分潛出故爰其稱爰有大穴潛水入焉通岡山下西南潛出謂之伏水或以爲古之潛水庾仲雍云墊江出晉壽縣即潛水也晉壽在今四川保寧府之昭化縣地其南取源巴西今四川南江縣是西漢水也然則西漢水至昭化有支流潛出南江縣之朝天驛北穿穴而出南流至渠縣入江此又一潛出地志漢中郡安陽縣潛谷水出西南入漢即水經所謂鬵水見前導漾此雖未詳上源而重源潛出入漢亦可謂潛此又一潛

也所謂梁州之以潛名者三是也其餘不名潛而實潛流入漢者若祁山之建安水城固之沔水温泉水俱詳前又常璩云武都郡居河池一名仇池方百頃開山圖謂之仇夷山所謂清泉涌沸潤氣上流者今陝西階州盤山頂涌泉流至漢皆潛之類也又有水不潛伏而寔自漢出者若瀵之獻水口通谷水至關城入西漢水詳前又漾水註云故道入東益州廣漢界與沮水支津合謂之兩當溪今陝西徽州之兩當縣水上承武都沮縣之沮水瀆西南流注于兩當溪合濁水入

漢按沮亦漢之異源此亦水自漢出者皆泉之類也故推類求之知有十矣

又東爲滄浪之水

又南逕光化縣分爲二派中爲洛河洲南流復合爲一曰老河口至谷城縣有沮水出房縣之景山來注之合堵口水又東南徑襄陽府城北樊城南有白河水出河南南召縣西北曹峰山合嵩縣之湍水唐縣之唐河水來注之唐河有三源北源曰趙河即古淯水出自魯山縣南東河源曰十河出自泌陽縣東之銅山至唐縣合流　又東過

宜城縣至南漳縣有歇馬河出保康縣界之龍潭山合谷城縣界之清涼河來注之○水經漢水過武當縣今光化縣均州註云縣西北四十里漢水中有洲名滄浪洲庾仲雍漢記謂之千齡洲非也是世俗語訛音與字變地説水出荊州東西流爲滄浪之水是近楚都故漁父歌曰滄浪之水清兮可以濯我纓滄浪之水濁兮可以濯我足余按尚書禹貢言導漾水東流爲漢又東爲滄浪之水不言過而言爲明非他水決入也葢漢沔自下有滄浪通稱耳纏絡鄢郢

地達紀郢咸楚都矣漁父歌之不違水地滄浪洲傳宜以尚書爲正耳又夏水註云劉澄之著永初山水記云夏水古文以爲滄浪漁父所歌也因此言之水應由沔今按夏水是江流入沔非沔入夏假使沔注夏其勢西南非尚書又東之文以上徵之言余亦以爲非也此道元言今按滄浪所在道元之討論今當不易矣今洛河洲是也

過三澨

又東南今安陸府之鍾祥縣荊門州荊山縣合三澨水至

潛江縣大澤口有支流西南流入荆州南通監利縣東通沔陽州支港交會爲古雲夢之地正支又東至張集港又分支津南經潛江爲沔陽北湖正支又東至竹根灘又分南北二派經天門縣南（古竟陵）合松湖支津南派經沔陽州北仙桃鎮南分爲白泥赤野諸湖北流會沉湖而合北派過彭公湖南至漢川縣南西受松湖支津東流又會湖支津又東至漢口塘北有溠溳諸水自隨州南流合德安府雲夢應城諸縣水來注之○三澨舊無確解春秋左傳

稱澨者四見于註記者三文公十六年楚軍次于句澨以伐諸庸、在今襄陽均州宣公四年楚令尹子越師於漳澨、在今安陸府南定公四年左司馬戌敗吳于雍澨、今在安陸府京山縣又岳州巴陵亦有雍湖會與京山沌口通昭公二十三年司馬薳越縊于薳澨、今安陸之京山王遂註楚詞有西澨、京相璠謂南陽淯縣二間縣淯水之濱有南澨北澨、鄭元及劉徵之言在竟陵竟陵乃今沔陽州紛紛異說將安爲準哉愚謂澨名三澨、必在一處對列爲三當以安陸京山之漳澨雍澨薳澨爲正若句澨西澨獨在一處者不合三字之義若淸水一水而分南北二澨甚小不足表見必非禹貢所紀亦不備三澨之數也常考水經云荆州沱水在南郡枝江縣三澨地之南在卭縣之北今荆州枝江縣安陸京山縣皆古枝江縣地南郡無卭縣疑卭乃江陵二字合寫之訛考沱水自江陵分而北流至京山潛江之間注漢一名夏水是沱在枝江之南江陵之北也夫沱水在枝江三澨之南江陵之北則三澨當在江陵沱江之北枝江之地京山亦古枝江則在京山可知也且不第曰沱水在枝江南而必曰在枝江三

潛南明三潛卽沱水入漢之口也又酈註論三潛云經云卬縣北沱是明指沱之口爲潛又曰沱流多矣不能辨其所在蓋兼岳澧諸沱計之則豈其多若嵩論注漢之沱則江陵縣北恰止三沱何難辨哉因取經註詳考以求左傳之說按水經沔水篇云又東南與陽口合註云楊水上承赤湖水春秋水盛則南通大江北注于沔謂之陽口一曰夏口在安陸府城南此安陸府南之一沱也地近當陽之漳山故稱漳潛又沔水篇云東南逕江夏雲杜縣夏水從西北來

入江南宿松界又東逕湖口縣之湖口合章貢諸水江中有大洲二又東過彭澤縣有大洲又東有小洲經東流縣望江縣近西岸有洲渚過安慶府懷寧縣有大清秋浦等湖過池州府貴池縣陵陽縣青陽縣中有洲○漢志大別在廬江郡安豐縣今江南壽州安豐縣近六安州水經亦云在廬江安豐縣西南又云決水出廬江雩婁縣南大別山北入于淮雩婁今鳳陽之霍邱縣亦近六安州水經註巴水出大別南注于江在鄂縣東今武昌乃鄂地京相璠曰大別漢東山也在安豐南合觀諸說則

大别山在安豐霍邱及六安州開地説云漢水觸大别山陂南入于江安豐霍邱之大别之南麓盡于安慶江濱是古時漢入江處在安慶府境矣此尚書彭蠡下所以猶分中北江及後世水勢崩合至武昌之西北漢陽縣間江漢已合于是咸疑大别不當遠在安豐又見水經亦言沔水至江夏沙羨南入于江沙羨今蒲圻江夏遂欲以漢陽府之魯山冀際山爲古大别是不善讀水經之過也夫水經固謂沔至沙羨合于江之支流而正流則東至彭蠡乃合與安豐縣

大別之支正相合與尚書彭蠡下江漢分中江北江之義初不悖何以見之夫水經先敘沔漢因以沔爲經江爲緯沔水直敘至太湖入海而江水祗敘至青林口而止青林在湖北黄梅縣江南宿松界地近彭蠡豈不謂江水于此正流乃合漢沔乎試取沙羨合沔下青林以上細玩之則知當日江水支流尚未合流矣按水經注江之支流曰夏夏自雲杜合漢後漢亦通名爲夏若江自沙羨之下正支已與漢合則江與沔夏不得復區然考水經沔水合後又

云江水又東合灄口水上承溮水于安陸東今安陸府之應城漢陽府之漢陽潛江漢川孝感皆古安陸南注江江水又東湖水自北注南右岸頻得二夏浦江水又東逕若城南注云若城南對郭口二夏浦而不常泛矣東得苦菜夏浦浦東有苦菜淵夏江逕其北故浦有苦菜之稱焉經又云江水又東逕白虎磯北又東會赤谿夏浦二口又云山東有夏浦北對舉口定公四年吳楚陳于柏舉京相璠云夏有洰水或作舉又經云又東得苦菜水水夏浦也其下又東爲青林口而江水分

終向使江至沙羨已合于沔則沙羨以下不應判江與夏爲二流且使沙羨已合則沙羨以下當詳于沔水篇而不應詳于江水矣夫沔水篇既至巢湖以下始詳記而沙羨以下不詳記于沔而詳于江又別江與夏而誌之則是江流南沔流北中隔洲岸雖川脉時通勢趣自別則何疑于大別之不在漢陽沙羨而乃在安豐哉今江水于武昌有數大洲至黄州雙流夾三江口以江水分流得名至蘄州有數大洲至九江府官牌夾分行南北五十六里此合而

地達紀郢咸楚都矣漁父歌之不違水地滄浪洲傳宜以尚書爲正耳又夏水注云劉澄之著永初山水記云夏水古文以爲滄浪漁父所歌也因此言之水應由沔今按夏水是江流入沔非沔入夏假使沔注夏其勢西南非尚書又東之文以上徵之言余亦以爲非也此道元言今按滄浪所在道元之討論今當不易矣今潞河洲是也

過三澨

又東南今安陸府之鍾祥縣荆門州荆山縣合三澨水至

潛江縣大澤口有支流西南流入荆州南通監利縣東通沔陽州支港交會爲古雲夢之地正支又東至張集港又分支津南經潛江爲沔陽北湖正支又東至竹根灘又分南北二派經天門縣南古竟陵合松湖支津南派經沔陽州北仙桃鎮南分爲白泥赤野諸湖北流會沉湖而合北派過彭公湖南至漢川縣南西受松湖支津東流又會[illegible]湖支港又東至溳口塘北有溠溳諸水自隨州南流合德安府雲夢應城諸縣水來注之○三澨舊無確解春秋左傳

稱澨者四見于註記者三文公十六年楚軍次于句澨以伐諸庸、在今襄陽均州宣公四年楚令尹子越師於漳澨、在今安陸府南定公四年左司馬戌敗吳于雍澨、今在安陸府京山縣或岳州巴陵亦有雍湖當與京山沌口通昭公二十三年司馬薳越縊于薳澨、今安陸之京山王逸註楚詞有西澨、京相璠謂南陽淯縣二間縣淯水之濱有南澨北澨鄭元及劉澂之言在竟陵竟陵乃今沔陽州紛紛異說將安爲準哉愚謂澨名三澨必在一處對列爲三當以安陸京山之漳澨雍澨薳澨爲正若句澨西澨獨在一處者不合三字之義若淸水一水而分南北二澨甚小不足表見必非禹貢所紀亦不備三澨之數也常考水經云荆州沱水在南郡枝江縣三澨地之南在卭縣之北今荆州枝江縣安陸京山縣皆古枝江縣地南郡無卭縣疑卭乃江陵二字合寫之訛考沱水自江陵分而北流至京山潛江之間注漢一名夏水是沱在枝江之南江陵之北也夫沱水在枝江三澨之南江陵之北則三澨當在江陵沱江之北枝江之地京山亦古枝江則在京山可知也且不第曰沱水在枝江南而必曰在枝江三

澨南明三澨卽沱水入漢之口也又鄭註論三澨云經云邔縣北沱是明指沱之口爲澨又曰沱流多矣不能辨其所在蓋兼岳澧諸沱計之則覺其多若耑論注漢之沱則江陵縣北恰止三沱何難辨哉因取經註詳考以求左傳之說按水經沔水篇云又東南與陽口合註云楊水上承赤湖水春秋水盛則南通大江北注于沔謂之陽口一曰夏口（在安陸府城南）此安陸府南之一沱也地近當陽之漳山故稱漳澨又沔水篇云東南逕江夏雲杜縣夏水從西北來

入江南宿松界又東逕湖口縣之湖口合章貢諸水江中有大洲二又東過彭澤縣有大洲又東有小洲經東流縣望江縣近西岸有洲渚過安慶府懷寧縣有大清秋浦等湖過池州府貴池縣陵陽縣青陽縣中有洲○漢志大別在廬江郡安豐縣今江南壽州安豐縣近六安州水經亦云在廬江安豐縣西南又云決水出廬江雩婁縣南大別山北入于淮雩婁今鳳陽之霍邱縣亦近六安州水經註巴水出大別南注于江在鄂縣東今武昌乃鄂地京相璠曰大別漢東山也在安豐南合觀諸說則

大別山在安豐霍邱及六安州間地說云漢水觸大別山陂南入于江安豐霍邱大別之南麓盡于安慶江濱是古時漢入江處在安慶府境矣此尚書彭蠡下所以猶分中北江及後世水勢崩合至武昌之西北漢陽縣間江漢已合于是咸疑大別不當遠在安豐又見水經亦言沔水至江夏沙羨南入于江（沙羨今蒲圻江夏）遂欲以漢陽府之魯山冀際山爲古大別是不善讀水經之過也夫水經固謂沔至沙羨合于江之支流而正流則東至彭蠡乃合與安豐縣

大別之支正相合與尚書彭蠡下江漢分中江北江之義初不悖何以見之夫水經先敘沔漢因以沔爲經江爲緯沔水直敘至太湖入海而江水祗敘至青林口而止青林在湖北黃梅縣江南宿松界地近彭蠡豈不謂江水于此正流乃合漢沔乎試取沙羨合沔下青林以上細玩之則知當日江水支流尚未合流矣按水經注江之支流曰夏夏自雲杜合漢後漢亦通名爲夏者江自沙羨之下正支已與漢合則江與沔夏不得復區然考水經沔水合後又

云江水又東合灄口水上承溳水于安陸東（今安陸府之應城漢陽府之漢陽潛江漢川孝感皆古安陸）南注江江水又東湖水自北注南右岸頻得二夏浦江水又東逕若城南注云若城南對郭口二夏浦而不常泛矣東得苦菜夏浦浦東有苦菜淵夏江逕其北故浦有苦菜之稱焉經又云江水又東逕白虎磯北又東會赤谿夏浦二口又云山東有夏浦北對舉口定公四年吳楚陳于柏舉京相璠云夏有洰水或作舉又經云又東得苦菜水水夏浦也其下又東爲青林口而江水庅

終向使江至沙羨已合于沔則沙羨以下不應判江與夏爲二流且使沙羨已合則沙羨以下當詳于沔水篇而不應詳于江水矣夫沔水篇旣至巢湖以下始詳記而沙羨以下不詳記于沔而詳于江又別江與夏而誌之則是江流南沔流北中隔洲岸雖川脉時通勢趣自別則何疑于大別之不在漢陽沙羨而乃在安豐哉今江水于武昌有數大洲至黄州雙流夾三江口以江水分流得名至蘄州有數大洲至九江府官牌夾分行南北五十六里此合而

仍分之證也昔人常疑江漢合流何以仍分中江北江若知江沔之合而未合不可概悟乎青林以下江漢已合其水必大地志大江至安慶府有太湖秋浦等湖廣八十里宛似漢湘洞庭竊意後世如此洪水初平之世當更汪洋自太湖秋浦至巢湖联亘浩渺並爲一澤所謂匯爲彭蠡者在此而鄱陽九江之來入彭蠡者特其一隅故曰北會于匯宋人誤以鄱陽爲彭蠡者非也按沔水篇註云漢與江鬬轉成澤是漢與江合流自鬬翻成澤非因他水彭蠡

字義亦取二水盛大澎湃蠡齧之意山海經云廬江水出三天子山入江彭澤西贛水出聶都東北注江入江彭澤西夫廬江贛江即鄱陽水源今曰入江彭澤西則彭澤在鄱陽之東而非即鄱陽矣漢地志彭澤在豫章彭澤縣東水經彭蠡澤在豫章彭澤縣北夫漢時彭澤縣乃今南康府之星子都昌縣九江府之彭澤縣江南池州之東流縣也故城在鄱陽湖東北其東北乃安慶府太清秋浦等湖之地地志曰彭澤縣東水經曰彭澤縣北則彭蠡在安慶

之地而非鄱陽矣若鄱陽卽彭蠡則山海經當云贛水廬水入江彭澤北何得言西地志水經言彭蠡當在彭澤縣西南安得言東北哉夫旣誤指鄱陽爲彭蠡則鄱陽在江之南地高江漢不能匯入又當言南匯而不當言北會朱子所以疑之若知彭蠡在安慶以北則何東匯北會之疑哉雖然宋人之誤自顏師古注始也按漢地志彭蠡在彭澤縣東而師古註彭澤縣下乃云彭蠡澤在縣西志註矛盾葢漢時青林口上洲渚尚多江與夏分故至安慶始匯

水勢大于鄱陽可指爲澤唐後青林以上洲渚漸銷安慶以下兩岸漸淤以狹不敵鄱陽故改東爲西直以鄱陽爲彭蠡于是古彭蠡所在遂不復知然以禹貢東匯北會山經韻廬入江彭澤西水經地志彭蠡在彭澤東北之文推之彭蠡非鄱陽亦何疑哉彭蠡为江漢所匯非鄱陽而大别入江之在安豐不益明哉君如近説以漢陽之魯山爲大别則禹貢導山初支西起岍山東極冀東之碣石二支西起西傾東極青之陪尾何獨此支不極東方而遽盡于

荆此其不合一也左傳定公四年吳舍舟于淮汭自豫章與楚夾漢蓋自淮南與楚夾夏水若大别在漢陽江漢已合則漢陽以上之漢水距淮甚遠安能舍舟而卽夾漢乎又云子常濟漢而陳自小别至于大别三戰子常知不可十二月庚午二師陳于柏舉今黄州麻城縣若大别果在漢陽豈吳三勝後轉退至麻城楚三敗後轉進至麻城乎又云楚師敗吳從楚師及清發今德安府安陸縣豈吳追楚師不進而反自漢陽之至安陸乎此其不合二也按之禹貢本文若太

在漢陽則下至彭蠡七百里彭蠡入海又千餘里不可復分爲二何以有中江北江之目此其不合三也班地志大別所在四也違水經夏浦諸文五也以此五者衡之斷可識矣

豫章附 ○左傳所謂豫章即今巢湖禹貢彭蠡之地非漢時豫章郡也昭公六年楚子蕩師于豫章而次于乾谿今江南壽州昭二十三年楚人還自徐今鳳陽府泗州吳人敗諸豫章昭二十四年楚子爲舟師以畧吳越大夫常壽過勞楚子于

豫章之汭吳人踵楚而不設備遂滅巢及鍾離而還巢今江南廬州巢縣鍾離今江南鳳陽縣昭三十年吳師圍弦楚師救弦及豫章弦今河南光州定二年楚人伐吳師于豫章吳人見舟于豫章而潛師于巢以軍楚師又柏舉之役吳人舍舟于淮汭而自豫章與楚夾漢而陳杜預云此皆在江北淮水南蓋後世徙在江南豫章也今按亳泗巢鳳光皆在江北淮南故杜氏謂非後世之江南豫章郡而亳泗巢鳳光皆近巢湖及太清秋浦之地傳云見舟豫章豫章之汭明是水名則爲古

彭蠡湖之異名無疑也後世移彭蠡之名于彭澤縣並移豫章之名于彭澤南爲豫章郡此亦彭蠡自北移南之證矣夫豫章之名取義于木卽今樟木多枝故凡支流之水多名豫章水水經註江水篇江至江陵得豫章口夏水所通又淯水篇注云淯水又南左得豫章大陂灌良疇三千許頃凡陂皆壅漲支流爲之是也左傳豫章卽古彭蠡蓋以巢湖支分注淮得名若鄱陽湖則無大支流此又江漢至彭蠡分中江北江之證也詳下

凡水自西來而北折南折衝激難同其勢必日徙而東如澧水東流北折而古之入江於石首者今徙於巴陵江水至監利臨湘間東流北折而古之循白巖山楊林山烏林山今黃朋山大軍小軍山之西者今徙而遷其東又古黃河至大伾東流北折漢後漸失故道今黃河至朱家海南流東折而朱家海易崩塌非特河勢易徙亦地勢然耳聞嘗持此以論江漢之匯安慶無爲州間向爲大澤今爲邑流者可恍然於其故焉夫江至安慶無爲州間古亦東流北折

以入巢湖、其後日徙而東、巢湖日淤以高、遂止存泥汊鎮口柵港汎口、巢湖由此入江、而江之入巢湖者無存焉、則以東流北轉、衝激易徙之故也、是故禹時邗溝不開、而貢道沿江、可達淮泗、後世必通邗溝揚子江、而貢乃可達、豈非以巢湖淤高、施肥淤淺之故耶、

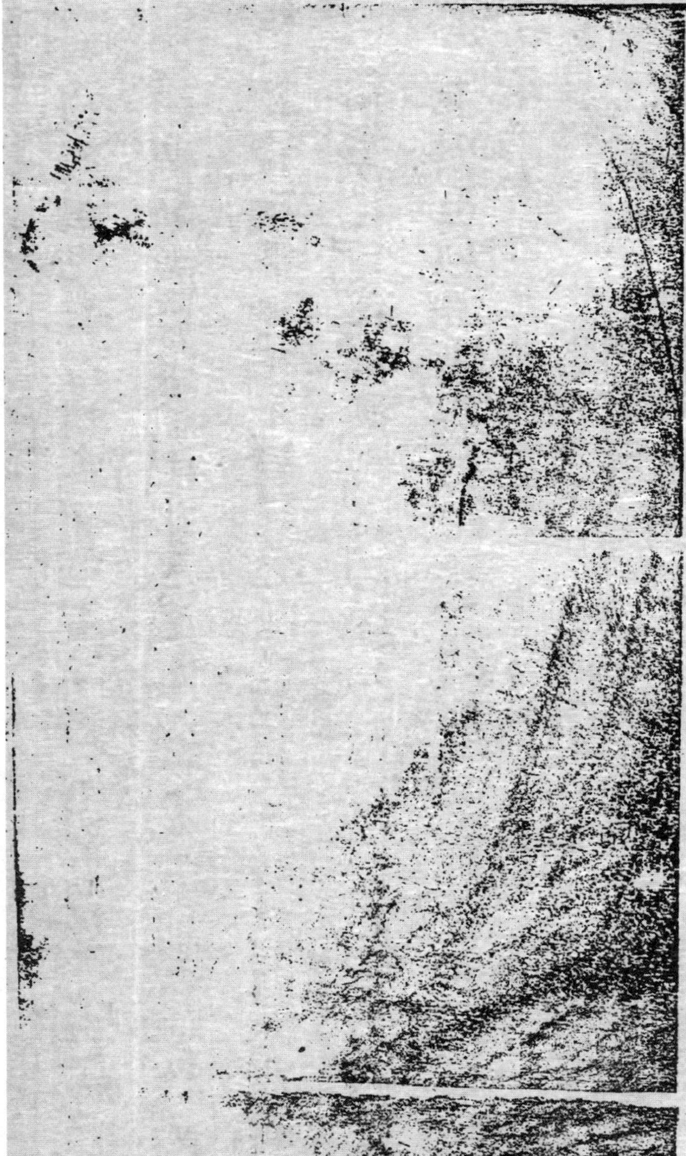

[illegible] 卷之一 二十三

[illegible]江入于海

[illegible]水東至無為州南北岸有泥汊鎮水口乃巢湖支津北自巢湖南流入江之派也巢湖水上流曰肥河出肥西縣之雞鳴山東南流入湖曰巴洋河出潛山縣北折東北流經桐城西北境會舒城縣之界河就河入湖湖滙巴洋河肥河東流至巢縣城南黃落河鎮分為二派其南派又分為二一於泥汊鎮入江一於栅港汎入江即古濡須口也東派亦分為二一於裕溪口入江與蕪湖之魯港對一於

和州入江與太平府之采石磯對即古横江口也湖東西
廣百餘里南北八十餘里周四百餘里北江故道於此循
施水肥水合淮〇江漢雖今彭蠡而中猶有洲渚隱分又
性沉力疾合流未久又復分流故又有中江北江之目舊
說惑於大别在漢陽之説漢陽至此千餘里合流已久不
能復分遂疑經文中江北江之文爲强區名目或又爲殊
別之説若知江漢至安慶乃合安慶至巢湖古爲一大澤
中有洲渚隱分與後世中渚[illegible]者不[illegible]

經文非強區矣然則所謂北江者安在曰自巢湖北流爲施水合肥水合淮水以入海也按酈道元云肥水出良餘山東北分爲二水施水出焉施水又東分爲二水支水注肥入淮施水東注巢湖又曰夏水暴漲則施合於肥道元以漢支流名夏蓋江水小則施水承肥注巢湖夏江水盛則施水承夏合肥爾雅水同出異歸曰肥葢施水自肥分出而南流夏水自漢分出而北流皆可謂同出異歸也山海經註云淮過新息至於原鹿合於汝又東至廬江至於

安豐合於漢又東過下邳入於泗今按施肥入淮正在安豐壽州之地而郭璞以爲淮合漢此肥即漢水之明証任昉述異記肥灌之間離別亭漢沔合流處此又漢水合肥之明証夫郭璞任昉不曰合江而必曰合漢豈不以江漢雖合而漢水勢沉力疾傍北而行獨自出爲肥水合淮故特目曰漢與經文東爲北江之義不暗合哉詩大雅宣王伐淮南之夷曰江漢滔滔江漢之滸伐淮北之夷曰如江如漢若江漢不分則統爲一江淮南之地有江無漢何以

淮左有漢若無支流合淮則淮北之地無江與漢何以有稱江漢山海經云泰山環水出焉而南流注於江今考泰山在淮北其水只能南入於淮不能踰淮入江而曰注江亦以漢合淮水稱爲北江然則禹貢中江北江之文與大雅山經諸古書既皆符合驗以任郭酈氏之紀錄又寔有其支特因先儒惑於大別在漢陽之說遂疑江漢久合不可復分一處差而處處差豈不惜哉或曰如此則禹時江淮已通不始於哀公九年邗溝之開矣而禹貢何不曰

三

此應泗而乃曰沿於江海達於淮泗乎曰此舊註訓沿爲順流者之誤也考爾雅訓泝游爲順行泝洄爲逆行並無訓沿爲順之文左傳定四年子沿漢而與之上下是順逆皆得稱沿未有專訓沿爲順流者昭十三年楚子沿夏將入鄢是時楚子自伐徐次乾谿而還赴襄陽之鄢則溯漢夏而上此逆上稱沿之明証然則楊州之貢近江者浮江近海者浮海而沿流上下以達淮泗烏有順流入海而後逆流入淮泗之意耶孟子稱決汝漢排淮泗而注之江并

以淮泗汝皆入北江朱子雖以爲記者之誤他日又謂七篇是孟子自作非記者所記則註説非其定論但未及追改者耳後世水道南徙漢江並趙蘇常於是漢水不能注肥止有肥水注漢而讀禹貢者遂滋疑矣然非所論於漢魏以前之地勢也○又應劭言合肥有夏肥水出城父東南至此與肥合故曰合肥闞駰亦言出沛國城父東至此合爲肥酈道元疑之謂夏肥水上承沙水於城父縣至壽陽入淮川流派别無逆注之理因以應闞二説非寔證而

獨聖夏水暴長施合於淮之說今按合肥卽今廬州合肥縣在淮水之南而城父夏肥水在淮水北不能相注城父夏肥水入淮又在施肥水入淮之下更不能逆泛此道元所以不取闞駰之說也然余考漢而夏水出父城東南至此與淮合故曰合肥父城乃今南陽郟縣豐寶縣地乃汝水支源所出旁有夏亭城則所謂夏水卽汝水上源之異名汝水合淮夏秋盛漲泛入於肥故一名夏肥而地曰合肥闞駰二子蓋訛父城爲城父耳本以夏江水注肥遂名

夏肥固井上流父城之水亦以夏名此亦漢淮古迹之証、矣又水經注過水左合北肥水北肥水出山桑縣今鳳陽蒙城縣、以在夏肥水北故曰北肥其水合過入淮過水北出于河與此二肥又不同矣漢水合淮入海在淮安府安東縣東三度五分北極地高三十四度強

導淮自桐柏東會于泗沂東入于海

海內東經淮水出餘山在朝陽東朝陽今河南唐縣其東則桐柏縣也今淮水出桐柏縣西南九十里西接湖北隨州界之大復山一名胎簪山東南流過桐柏山東至汝寧

府息縣有慎水自西北遂平縣眞陽縣合汝寧府鴻陂來注之木陵關水自西南光山縣逕光州來注之又東過固始縣至六安州渒水自南來注之又東北至潁州西境有汝水自西北嵩縣西南天息山西之擂鼓山東流至舞陽縣東合魚齒山之湛水魯山縣堯山之滍水注之滍水疑即溠水周禮豫浸波溠鄭以左傳除道梁溠在荆不在豫唯水經註滍水出魯陽堯山與霍陽西之波水合即應劭所謂狐山波所所出也馬融廣成頌曰浸以波溠溠水自

不兼波水之稱按水經註于穀水篇既引山海經婁涿山之波水而滍水汝水二篇又引馬融應劭之言波水篇廣成澤下引馬融廣成頌云浸以波溠演以滎洛云云似汝滍卽波溠者竊意波爲洛出自當以爾雅爲正而溠乃汝滍之交何以見之水經稱溠者四背二水參差之地曰狀浦溠乃江水與黃軍水交處也曰孟家溠乃黃石山水會江處也曰梁溠乃濂湞二水交合處也曰觀詳溠乃江中大洲分水處也盖溠字從差本取參差之義滍汝同出堯山堯山西麓之水入汝至舞陽而交會其

繁參差、故得溠名、蓋滍音近、轉寫作滍耳、昔人以波溠交違、故滍水上源亦稱波水、而析而論之、自當以洛出為波、滍汝為溠、豫州之水北境大者唯滎洛、南境大者唯滍汝、故職方特舉之、先儒讀溠為詐、于是義始難明矣、禹貢雖不及汝、而孟子言禹決汝、亦見其用功之多也、淮水合滍後又東至潁上縣、有少室山之潁水、合密縣來之洧水、潧水東南流來注之、至壽州北境、有肥水施水自南來合漢江支流來注之、又東至懷遠縣、渦水自西北來注之、自河南太

康縣來、東至五河縣澮河自永城縣東南流合過水支流來

注之、又東浪蕩渠水自滎陽縣來注之、東至泗州舊有濉

水自開封杞縣來注之、淮水猪爲洪澤湖、又東至淮安府

城西舊有泗水沂水合來注之、今并黃河來會矣、地志泗

出卞縣北、今兗州泗水縣陪尾山西流至曲阜縣合洙水

西南流至兗州城東北、有沂水出尼丘山來會之、俗謂之

雩水、又西至嶧陽縣有漷水從鄒縣來注之、俗謂之白馬

河、又南至魚臺縣、荷澤水從西來注之、又東南有漕水從

東北滕縣來注之又東南至靈壁縣睢水從西北浪蕩渠分支于浚儀縣來注之又東南至邳州有沂水從青州沂水縣西南流爲絡馬湖注之此經所謂沂水也與曾氏所浴在兖州城東者殊淮水又東南至江南宿遷縣有沭水自青州沂水縣西南來注之又東至海州安東縣入于海淮自泗州以下黃河幷入支流多失古道汝自舞陽以下元人碣以爲堰尤非舊迹姑依水經之近古者次之如此○淮旣合[illegible]向南衝淮安一帶俱受其害而河横淮河濁淮淸故勢[illegible]

淮水以敵河而刷其沙然河強淮弱故築高家堰以助淮勢淮出清口迫猛其流所以激淮之怒但河衝於清河縣以下則淮出清口可以敵之河衝於桃源宿遷以上之歸仁堤朱家海等處則以一淮受全河之橫決而高家堰當其衝何以堪之高家堰圮而高寶之堤必崩高寶堤崩而山陽興鹽之地皆爲魚隆慶四年萬歷三年之已事可觀也朱家海漫坍而高家堰不能保雍正三年之已事可按也夫朱家海歸仁堤當大河南流東轉之際勢激難回宜

其易圯善治河者因其勢而利導之而不爭於所必攻之地今考朱家海之上徐州之東百步洪之北河水東流南轉因其欲東之勢引之東流以殺其勢循中河故迹逕泇口絡馬湖口以達清河縣康熙二十三年總河靳輔開中河於此而河之北支則於留城東南引之東逕微山湖南以合於泇口河於豐縣分一北支東逕沛縣至留城乃南轉趨百步洪於留城分引乃不激衝百步洪南行則河之全勢東趨而朱家海歸仁堤不受全河衝激朱家海歸仁堤安流高家堰固矣夫中河之開昔人行之而不久即廢何哉緣

河水多沙合流則力疾而沙不淤、分流則力緩而沙易澱、今分兩河河流勢緩固宜其易淤也竊謂當深濬中河而塞百步洪使之專趨東流移朱家海歸仁堤之工於百步洪則河流趨東百步在其南無衝激之患事半功倍而高家堰永無憂矣或者欲復黃河北行故道以免東南之患然宋明以來由北瀆南乃北方淤久漸高於南之故恐未可以遽復也

荊州其浸潁湛附存疑○左氏置姜氏於城潁又晉楚戰于湛阪、潁左氏城潁之潁出今河南登封縣嵩山左氏湛陂之

湛[illegible]今汝州城北鄭氏謂潁宜屬豫與荆無涉故曰未聞而賈氏謂周人分州與禹貢界不同然界之不同不過微有伸縮潁泣登封直在伊洛之北周人豫域豈至如是之狹竊意春秋時楚國疏遠地名不盡見于經傳而稱謂又變自當別有潁湛也余考漢初赭陽縣今河南裕州地有赭水東漢爲順陽郡以其在順水之陽下流合淸水以爲淸陽郡今淸水出盧氏縣山至鄧州入漢赭順淸三字相似疑順字與潁形聲相近而譌後又轉訛爲赭循耳今盧

山東之水東流入潁、山南之水南流入淯、意古昔二源
皆名潁、如東漢水、西漢水之同出嶓冢、流雖別而同名歟、
或古昔潁水本即山南潁水、而後世譌在山東、如禹貢之
沔北通渭而後代之沔南通漢、山經之滱出高是山東而
後代之滱出高是山南、即至于湛、字管子云夏人之王鑿
二十寅濮十七湛、註云湛即沅沛之沅、大澤巨浸也、郭緣
生述征記有鳥當沅、自註云齊人謂湖曰沅、楊慎云北之
言沅、南之言潭也、故沅亦音潭、應劭曰沅沅宮室深遠之

貌長含反當呼爲潭韓愈詩潭潭府中居正用此語楚詞屈原既放遊于江潭説文云潭水出武陵潭成玉山漢志作鐔成縣隋唐志有潭州今長沙地是湛通沉又通潭武陵長沙皆以潭名則沅湘之水在周末漢唐閒一名爲潭意周初名湛之轉則沅湘即古湛水矣至楊升菴又謂湛字古亦通涔楚詞涔陽極浦水甚小恐非周禮所紀今沅湘支源中多以筒車灌溉爲利甚溥此沅湘可資浸灌之記

岷山導江

[illegible]自巴薩通拉木山為金沙江源逶迤而東起巴顏喀喇山當黃河之南金沙江之北東南千餘里起匝巴顏喀喇山為鴉龍江所出（即古若水）又東千餘里至四川松潘西羊膊嶺為岷江所出蓋自巴薩通拉木山以東四川以西皆岷山所綿亘也金沙打沖互詳黑水則禹貢所稱岷山以松潘衛西北為正今江水出松潘衛西藏地那哥多母精阿林山東南流二百餘里而北源出自岡出阿林索稜之精阿林東支（即那哥多母）至黃勝關入邊界經衛東有腮河自

西北來注之（出那哥多母精阿林西支）又南至長寧堡西有黑水河自邊外九里古拉達巴嶺（在那哥多母精南）流二百餘里來會之與松潘江等古所謂茂州鐵豹嶺也西南經茂州威州汶川縣至灌縣西有納凹河出邊外噶義哥拉達巴罕嶺有三江口河出邊界之龍潭來注之二水亦古所指別源也

○海內東經會稽山在大楚南岷三江首大江出汶山北江出曼山南江出高山按總通南岷而分稱汶山高山是蓋一山綿亘數百里也漢志岷山在蜀郡湔氐道西徼外

湔氐道今成都府地其西徼外則卭黎雅四州以西西蕃之地一名瀆山水利志江源在西蕃羊膊嶺分爲二派一西南流爲大渡水一正南爲南江虎氏曰蜀以山近江源者通爲岷山連峰接岫重疊險阻不詳遠近青城天彭諸山之所環繞皆古之岷山青城其第一峰也地理今釋謂岷山跨古雍梁二州自陝西鞏昌府岷山衛以西大山重谷縈紆起伏西南走巒菁中直走成都府之西境凡茂州之雪嶺灌縣之青城皆其支派按此三説頗合地志氐道西之文然地志渾言氐道西而

其易圯善治河者因其勢而利導之而不爭於所必攻之地今考朱家海之上徐州之東百步洪之北河水東流南轉因其欲東之勢引之東流以殺其勢循中河故迹逕泇口絡馬湖口以達清河縣康熙二十三年總河靳輔開中河於此而河之北支則於留城東南引之東逕微山湖南以合於泇口河於豐縣分一北支東逕沛縣至留城乃南轉趨百步洪於留城分引乃不激衝百步洪南行則河之全勢東趨而朱家海歸仁堤不受全河衝激朱家海歸仁堤安瀾高家堰固矣夫中河之開昔人行之而不久即廢何哉蓋

河水多沙合流則力疾而沙不淤分流則力緩而沙易澱今分兩河河流勢緩固宜其易淤也竊謂當深濬中河而塞百步洪使之專趨東流移朱家海歸仁堤之工於百步洪則河流趨東百步在其南無衝激之患事半功倍而高家堰永無憂矣或者欲復黄河北行故道以免東南之患然宋明以來由北潰南乃北方淤久漸高於南之故恐未可再遷復也

荆州其浸潁湛存疑附○左氏置蔓氏於城潁又晉楚戰于湛阪左氏城潁之潁出今河南登封縣嵩山左氏湛陂之

湛今汝州城北鄭氏謂潁宜屬豫與荆無涉故曰未聞
而貢氏謂周人分州與禹貢界不同然界之不同不過微
有伸縮潁豈登封直在伊洛之北周人豫域豈至如是之
狹竊意春秋時楚國疎遠地名不盡見于經傳而稱謂又
變自當別有潁湛也余考漢初豬陽縣今河南裕州地有
豬水東漢爲順陽郡以其在順水之陽下流合清水以爲
清陽郡今清水出盧氏縣山至鄧州入漢豬順清三字相
似疑順字與潁形聲相近而譌後又轉訛爲豬清耳今盧

[illegible]山東之水東流入穎山南之水南流入清意古昔二源皆名潁如東漢水西漢水之同出嶓冡流雖別而同名歟或古昔潁水本即山南潁水而後世譌在山東如禹貢之沔北通渭而後代之沔南通漢山經之滍出高是山東而後代之滍出高是山南耶至于湛字管子云夏人之王鑿二十寅渫十七湛注云湛即沉沛之沉大澤邑浸也郭緣生述征記有鳥當沉自註云齊人謂湖曰沉楊愼云北之言沉南之言潭也故沉亦音潭應劭曰沉沉宮室深遠之

貌長含反當呼爲潭韓愈詩潭潭府中居正用此語楚詞屈原既放遊于江潭說文云潭水出武陵潭成玉山漢志作鐔成縣隋唐志有潭州今長沙地是湛通沉又通潭武陵長沙皆以潭名則沅湘之水在周末漢唐間一名爲潭意周初名湛之轉則沅湘即古湛水矣至楊升菴又謂湛字古亦通涔楚詞涔陽極浦水甚小恐非周禮所紀今沅湘支源中多以筒車灌溉爲利甚溥此沅湘可資浚灌之記

岷山導江

卡自巴薩通拉木山爲金沙江源蜿蜒而東起巴顔喀喇山當黄河之南金沙江之北東南千餘里起匝巴顔喀喇山爲鴉龍江所出即古若水一名打冲河又東千餘里至四川松潘西羊膊嶺爲岷江所出蓋自巴薩通拉木山以東四川以西皆岷山所綿亘也金沙打冲互詳黑水則禹貢所稱岷山以松潘衛西北爲正今江水出松潘衛西藏地那哥多母精阿林山東南流二百餘里而北源出自岡出阿林衆會之精阿林東支即那哥多母至黄勝關入邊界經衛東有腮河自

西北來注之（出那哥多母精阿林西支）又南至長寧堡西有黑水河自邊外九里古拉達巴嶺（在那哥多母精南）流二百餘里來會之與松潘江畧等古所謂茂州鐵豹嶺也西南經茂州威州汶川縣至灌縣西有納凹河出邊外噶義哥拉達巴罕嶺有三江口河出邊界之龍潭來注之二水亦古所指爲源也

○海内東經會稽山在大楚南岷三江首大江出汶山北江出曼山南江出高山按總通南岷而分爲汶山高山是蓋一山綿亘數百里也漢志岷山在[illegible]西徼外

湔氏道今成都府地其西徼外一名瀆山水利志江源在
則邛黎[illegible]州以西西藩之地
西藩羊膊嶺分爲二派一西南流爲大渡水一正南爲南
江虢氏曰蜀以山近江源者通爲岷山連峰接岫重疊險
阻不詳遠近青城天彭諸山之所環繞皆古之岷山青城
其第一峰也地理今釋謂岷山跨古雍梁二州自陝西鞏
昌府岷山衛以西大山重谷絡繹起伏西南走巒菁中直
走成都府之西境凡茂州之雪嶺灌縣之青城皆其支派
按此三說頗合地志氏道西之文然地志渾言氏道西而

青城雪嶺天彭皆在西北、更兼西南馬湖烏蒙姚安諸府之山言之乃備耳、又水經注青城山在文井江旁乃今黎州之地地理今釋以灌縣之青城當之亦失矣蓋陜西岷山徼之西南四川建昌府之西北、概爲岷山所盤踞而其最高處直接西藩國之可跋海、通典西蕃國有可跋海水、至會川爲瀘水、即金沙江金沙江、山海經謂之若水、合大渡水自灌縣西南氐流來、徐宏祖嘗自金沙江逆溯江流經年而歸作湖江紀程一書言江水源出崑崙之南黃河出其北其龍脈與金沙江相並南下、金沙江入中國雲南之姚安府大姚縣、一支伏流合滇池、入南海、一支至四川馬湖入犬江地理今釋、金沙江發源西蕃諸莫渾五巴什山、分支之東曰阿克達母必拉南至塔城關入雲南麗江府境亦曰麗水東南流至姚安大姚縣之左、卻鄉北、打冲河自鹽井衛來注之、按金沙在打冲南相並南下、則打冲卽提綱所謂鴉龍森讀

書經彙纂云、打冲河出自西蕃界在崑崙東北百里二源同

發名查諸必拉蒙古謂之七察兒哈那平地水泉數十泓沮洳騰沸散若列星匯而南流有支河十二道左右流入之至古對安撫司入四川界南流東折繞鹽井衛之東北又南至烏喇猓果入金沙江謹按打冲河皆金沙江之異源打冲河即水經瀘水金沙江即水經蘭倉江一名麗江旁有烏蘭池即通典之可跋海金沙江源又在其西則阿克達母必拉亦近于崑崙但所謂崑崙乃元都實所謂星宿之南山非都實所謂北河之崑崙亦非山海經所謂崑

崙乃山海經崑崙東南將盡之麓而岷山所自起也禹貢以金沙打沖爲黑水所謂岷山當即在茂州一帶地理今釋江水出四川松潘衛西蕃界南流至茂州成州汶川縣是也海內東經不及黑水則所謂大江出汶山當指查褚必拉之源南江出高山當指阿克達母必拉之源雖北江出曼山乃松潘衛西蕃界之源蓋禹貢所紀其北源徐宏祖所溯其中源南源乃禹貢黑水實五相備也又山海經云崍山江水出焉而東流注大江崌山江水出焉而東流

注大江二源記在中經當不甚遠、水經注崍山卽邛崍山在漢嚴道縣、今四川雅州榮經縣一曰新道山南有九折坂卽王子陽按轡處相距甚近也○金沙江一名蘭蒼與雲南永昌府入海之瀾滄伏流相通水經注旣曰入若水又指爲永昌郡以此耳永昌之瀾滄江發源金沙江源之西相距不遠而下流迥別地理今釋云麗江瀾滄源近而流別斯言得之松藩江源西十三度三分極高三十二度二分

梁州沱○東別爲沱

江水又東至灌縣城西灌口分爲二派一爲大江一爲沱江大江南流二十里又分爲二東南流口黑石河又分支渠經崇慶府爲白馬河一西流數十里亦分支流經州城同西河經新津縣而合沱江二支流又南經彭山縣眉州青神縣至嘉定府東而大渡河自灌縣西南合小金川之打箭爐水青衣江水榮經水行于五百里來注之青衣水出邛州榮經水出榮經縣古邛崍地東南經犍爲縣敘州府治宜賓縣城北而會沙江合鴉龍江來過之東經南溪縣江安縣至瀘州城

南而合沱江沱江自灌口東流分爲三渠三渠又自旁分支渠無數經郫縣新繁縣成都縣及新都金堂南經簡州資州資陽縣富順縣至瀘州而合于大江○爾雅水自江出爲沱沱之爲言他也池也言他出成池澤也梁荆皆有而梁之沱距岷不遠水利志江出羊膊嶺分爲二岐一西南流爲大渡水合金沙江此初源之沱也水經註江至綿虒縣今汶川縣之玉壘山又東別爲沱開明之所鑿郭景純所謂玉壘作東別之標者也地志蜀郡郫縣今灌南縣江沱在東

西入大江、水經註、郫江、李水堰、其右正流遂東、又水經註江至江鄉縣、郫水出焉、近成都縣今成都府治、有二江雙流郡下、有西南兩江、又有江北至武陽今新津縣、郫江入焉、地理今釋所謂江至灌縣、歧為數十股、左抱成都、右環重慶者也、亦近岷山發源之地、水經江水東過魚復縣南、夷水出焉東南過夷道縣北、夷水從狠山縣南東北注之、魚復今四川奉節縣地夷道今湖北夷陵州宜都縣此沱之出于梁而入乎荆者也、

和夷厎績。

地理今釋和夷和上所居之夷即和川水今在四川雅州榮經縣寰宇記謂榮經北九十里有和川從羅岩古靈州來也時瀾書說云嚴道今榮經縣青衣水東流入江即和川也此說無以易矣晁氏又以魚腹之夷水爲夷然彼乃支流之沱豈再紀哉○蔡山在今雅州蒙山在今雅州名山縣皆近和川地蒙羽之類相距亦不遠不得以爲疑也

西傾因桓是來浮于江沱潛漢逾于沔入于渭亂于河

江水又東南經合江縣有赤水河西南自鎮雄土府東北

流合諸水來注之東經江縣城東北流有綦江南自桐梓縣北流注之又東經重慶府治巴縣南北有涪江水合白水嘉陵江宕渠河諸水來注之涪江最西白水與西漢水合流于昭化稍東巴水與南江合流爲宕渠河最東三巨川至重慶府西北合爲一川東北過溫樂山經長壽縣涪州城○水經註白水出臨洮縣西南西傾山水色白東南流與黑水合至晋壽入西漢水臨洮今陝西洮州衞晋壽今四川昭化縣即禹貢桓水桓水合西漢入于江故西傾之貢者因桓水來其餘或浮江沱或浮潛漢而逾陸達沔以入于渭蓋禹

貢沔字本渭之支源即今鉄水出子午谷者故曰逾于
水經以沔爲漢之別源則沔與江沱漢通不得言逾沔
與渭不通不得言入蔡傳所以疑之也若古今稱名不同
者甚衆不得以後世之稱疑古經竊意古以子午谷北流
入渭爲沔後世以子午谷南流入漢者爲沔正如山海經
以高是山東流之水爲滱而水經以高是山南流之水爲
滱耳〇水經註桓水出蜀郡岷山西南行羌中入于南海
地道記亦曰梁州南至桓水此乃與[illegible]同名者非蔡傳桓

水也考金沙江亦名桓水分入南海而正流入江故能因桓是來又道元謂西傾自葭萌入于西漢自西漢溯流而屆于晉壽界阻漾支津南歷岡穴迤邐而接漢沿此入漾按葭萌晉壽乃今昭化地漾之支津即通谷溪水南歷岡穴即潛水篇所謂岡山葢由通漢支津過岡山穴北而入漾蔡傳引作岡北葢所見異卒于義咸通也又云歷漢川至南鄭縣縣屬于褒水溯褒暨于衙嶺之南溪川灌于斜川屆于武功而北達渭按褒入漢斜入渭衙嶺在褒斜間

此處當逾陸書所謂逾于沔者當在沔處

荆州沱

江水到涪州城有黔江水自貴州來注之一名烏江又名涪江也又東北經酆都縣忠州萬縣雲陽縣至夔州府城南爲瞿唐峽灩澦堆巫山縣入湖北巴東縣界歸州入宜昌府夷陵州過荆門山至宜都城北南有清水江自施南府西北與四川石龍關界東北流來注之東至枝江縣北松滋縣南江中有大洲又經荆州府治江陵縣有沮河

出自遠安縣北之北風山漳河出自遠安縣北之雙陽岩至當陽縣合流經江陵縣分支東出南流來注之又東過虎渡口南岸有支津通公安諸水○荆州沱有數十處水經註江水至枝江縣江汜枝分東入大江縣治洲上故以枝江爲稱地理志江沱出縣西南東入江者是也有數十洲槃布江中其百里洲爲最大今枝江竟此荆之一沱也水經江過江陵縣註云縣江有枚回洲江水自此分爲南北江此又一沱也水經江水又東得豫章口註云夏水所通也

經云東至華容縣夏水出焉今荊州之監利石首也　按此即至雲杜入沔之夏水又一沱也水經註又云右則中郎浦出焉此又一沱也水經又東南涌水出焉江水又東涌水注之註云水自夏水南通于江春秋傳所謂閻敖游涌而逸于二水之間者蓋涌水北流合夏水又自夏水南流入江此又一沱也水經江水又東至公安縣北有淪口今謂紘口南通澧水及諸湖陂此又一沱也水經大江又東左會高口又東得故市口註云水與高口通也此又一沱也又東合于夏

口註云沱水左迤北出通于夏水故曰子夏口此又一沱也註云清水洲下卽生江洲南卽生江口水南通澧浦按此卽今華容河一統志所謂自石首調絃口入華容河合澧入洞庭者此又一沱也水經江水又東至長沙下雋北得二夏浦註云夏浦俗謂之西江口又東逕忌置山南右岸有城陵山又東得良父口夏浦也按下雋乃今巴陵其北乃今監利界二夏浦西曰西江口東曰良父也西江口卽今監利縣大城池其北有口俗稱江西口北通沔陽洪

湖太白湖以入漢即沔水篇所謂沌口也今漢陽京山間自明正德後築隄始與江不相通予幼時嘗過其地猶見大城池江西口水甚浩淼南泊隄下至今三十年再過已淤城艮田矣因歎陵谷之變未有如瀕湖之地之尤甚也艮父口在城陵山邑置山之下城陵今名城陵磯乃巴陵臨湘界城陵正值江之南岸其北岸十里有白螺磯山與城陵磯南北斜對艮父口在白螺磯北亦通沔陽下水今監利樂隄無復故道矣又史稱晉杜預開楊口起夏水達巴陵外

瀉長江之險內通零桂之漕晉時巴陵乃今巴陵臨湘二縣陽口在今安陸府城南達巴陵處當在西江艮父二口之地蓋零桂之漕由巴陵臨湘大江逕嘉魚以至漢陽而入漢則風濤多險中有楊林磯今猶損壞糧艘由巴陵轉監利內河逕沔陽漢陽夏水入漢則無風濤也邑誌誤以爲石首縣之調絃口調絃口自江達湖不由夏達江安能北起安陸府之楊口哉且調絃口南達安鄉華容以入湖亦不徑達巴陵也唯西江艮父二口地勢將合此又一沱

也又云江水右歷鴨闌磯北東得鴨闌治浦二口夏浦也今鴨闌驛北有新堤市市旁有水內達沔陽洪湖通漢夏外通大江旣為前明人築堤塞斷嘉慶閒兩湖制軍汪稼門復尋故道開閘通之此又一沱也又云江水至大軍山南東有夏浦江水奓迆也今大軍山在湖北漢陽府南六十里其南有搖頭溝東有涓口水由江達漢此又一沱也夫江自枝江以降歷江陵之南公安之北又歷沔陽東南嘉魚西北以至于漢陽數百里閒地勢平闊故所在櫛分

而雅注沔之夏水注洞庭之華容河爲最大其他諸口皆通此二水蓋大江流中夏水流北華容河流南三流奇分勢畧匹敵然大江居數百里平曠之中而夏與華容皆居其偏則偏高而中低自明張居正築長隄起江陵抵漢陽塞諸夏口于是祗見大江與華容河雙分爲二而不知有三矣又其甚者張明先以華容河爲古江之正流是不惟不察古昔三流奇分之迹並不審荆岳閒南高北下地勢豈非臆說耶

杜頭開楊口達巴陵以通漕運誠足避長江之險築堤以後不可復行而長江至楊林山兩山夾江中有石磯粮艘至此時有損失唯倣古人醋燒之法於歲旱行之或可減免至楊林以下夾套甚多舟行夾內可避風波如臨湘縣北十五里有梧花洲江水支分夾長二十餘里入嘉魚境石頭關陸磯口東皆有夾嘉魚縣北有小壺夾長數十里而西岸之青灘口窰頭溝涓口隨在有夾夏秋水盛可行大艘冬月則否經稱浮於江漢而必曰沱潛蓋亦以其可

避風濤耶武昌下亦多洲夾詳見本條

〔三〕卷北江補註北江亦不言過淮者凡過水不必盡書故河過渭濟不書淮不言入北江者水入支流例不書故濟入濰潔二水亦不書

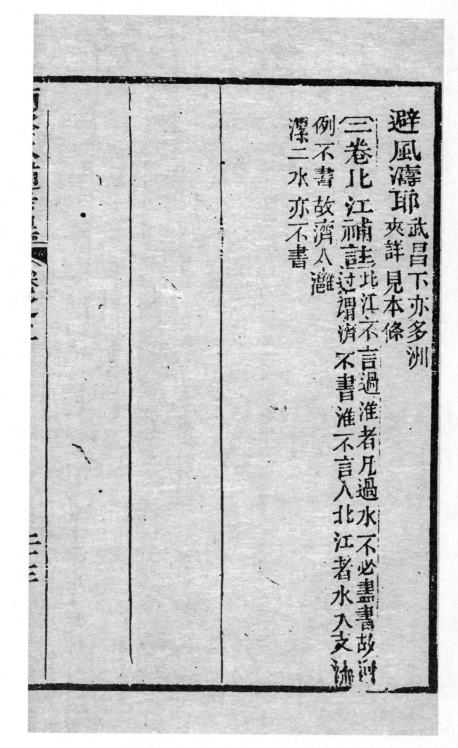

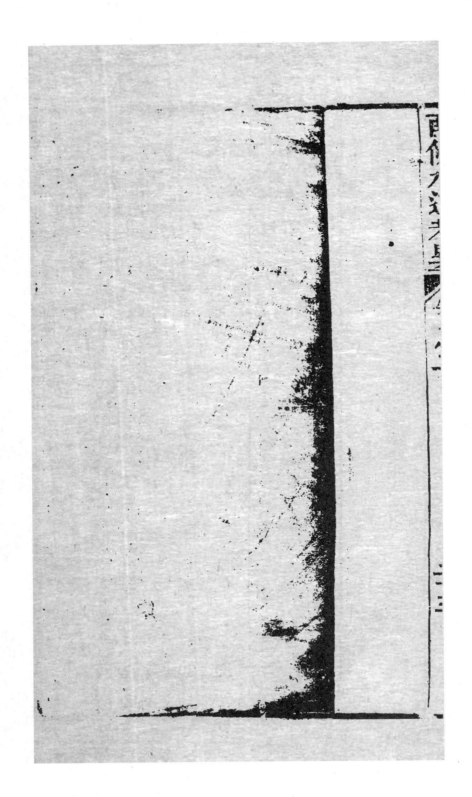

禹貢水道考異卷三

東陵方埜著

又東至於澧

江水東過府城南、經公安縣、石首縣、過調絃口、南通澧水

即水經注所謂油水口 江水北岸有夏水故道、北流通漢、明萬歷後築塞之

又東至監利縣西、有支津、即酈註生江口 南通澧水、

澧水源出桑植縣西北施南府東南界曰淥水河東南流

逕安福永定慈利縣、爲陵江、河有九溪、一名漤水自施南

府宜恩縣、逕九溪衞安福縣、來注之、東經石門縣至澧州

城南、分為二支、一東北流合滞河、及大江虎渡口分來之、水、故道由此北流入江、今道東至汪家墻、而合南派、一東南流、支渠錯出、至安鄉縣、而羣流畢合、經安鄉縣城南、又分三派、一南稍東、入洞庭湖、正對鷄子園山、一東北流合公安縣之白蓮湖、至華容南境、入洞庭湖、正對明山、在南口之北七十里、源流一千一百餘里、水經地志皆言澧水出充縣乃今慈利輿延源耳遠源實出桑植施南間○鄭註經言過言會者水也、言至者或山或澤也、澧宜山澤之名、按水經澧水出武陵充縣、今慈利至長沙下儁縣西北入江、水經註澧水逕臨澧澧陽至南安縣合沅入洞庭、臨澧今澧州安福縣澧陽今石門縣南安今岳州華容縣、是江水未嘗至澧經言至澧者蓋澧水至公安北有淪水口生江口南通澧水澧漲則入江江水漲則入澧當監利未築堤之前南高北下澧之支流常由此入江其地低曠舊皆湖澤江之至澧當在此處築堤以後江入澧多而澧入江少始滲失古迹張氏遂據以爲華容河乃古大江失之矣按經稱江至澧而晋虞喜云江沅流別是江與澧專通而不與沅專通袁中道云江由枝江枚同洲分支至澧又云江水合九水入洞庭至潯陽先言合九水而後言入洞庭者當監利未築堤之先監利沔陽漢陽漢川等縣皆在洞庭地故於荆河口在巴陵監利界合九水而後至監沔漢陽爲洞庭非若今之專以巴陵西南青草湖爲洞庭則華容支流入洞庭而江正流不入洞庭也觀下文遂言至潯陽正以監沔漢陽漸近潯陽若如今之專以巴陵青草爲洞庭則巴潯相距甚遠何至遽接潯陽哉張氏因袁說遂以華容支流爲

古大江則江水至沅、與尙書專言至澧之言不合與袁說江沅流別之意亦不合、巴濤遠隔與袁說亦不合、荆澧之間南多高山北多低平正流自應循北低處、不應反在南高處、亦與地勢不合也、夫澧水專入江、後從而合九江、遺跡可考、其所以移徙者蓋有故焉澧沅諸水、皆源於西而流向東、至入江處折而北轉、轉急則怒勢難、洄入江之口、不得不日徙而東、是故水經云、江水又東沅水澧水資水合東流注之湘水從南來注之、此時沅澧、資與湘猶分而口水經注則云湘水沅水資水合於湖中則已合爲一也、是禹之時澧與沅湘別流、水經時澧與沅合而未與湘合、酈註時乃與湘合、三千年中勢凡三徙、其變遷固有漸也、山海經云沅澧之風交、玩風交字則沅澧二水上古亦有交通處、蓋沅澧下流支渠錯出、澧水正流東北出滙爲澧澤入江、乃禹貢至澧之澧、支流東南出入湖、乃山經沅澧風交之澧、謂之風交、當止是餘波交被、迨後世正流湮而支流遂爲正流、其變徙之漸不益明哉、恭諸近代傳聞數十年前沅湘諸水合流繞君山之西北入江君山冬夏皆在水中近歲湖水繞君山之東入江唯夏水盛時君山尚在水中秋冬水涸君山儼在西岸數十年中勢又畧向東從巴陵鹿角鎮西水中有老廟臺舊在東岸洲上近因湖水東徙遂在湖中距岸十餘里岳州城西垣舊起山下平地明成化間因湖水崩嚙徙於山上湖之西岸華容東南舊濱湖上今淤大洲長百餘里直接君山距岳州西門河安鄉沅江舊時湖地今多淤成高洲樂土大抵東岸則日

崩而壓西岸則日淤而墻非以沅澧西來急轉勢猛難回故日徙而東哉恭近事以證往古則禹貢澧導入江而今不能導入者其故益明矣又漢地志澧水出武陵充縣歷山卽今慈利之山是已而山海經葛山澧水出焉雅山澧水出焉或引此以釋入江之澧是未詳味本書之文也按葛山在東山經乃今山東之地雅山列中山經澧水注於視水視水注淮乃今河南之地說文所謂澧出南陽雉衡山者異地同名其可牽合以求乎

雲土夢作乂

雲夢江沱中洲渚可耕種者也周礼荆州其澤藪曰雲夢爾雅楚有雲夢而未分指所在左傳昭三年楚子以鄭伯田于江南之夢杜註云南郡枝江縣西有雲夢城江夏安陸亦有雲夢城按楚時都郢乃今江陵則所謂江南指郢都之南今枝江江陵縣地杜註前說乃正解也楚子涉雎濟江入于雲中雎即今沮水在今枝江北則所謂涉雎濟江者亦今枝江地宣四年䢵夫人使棄諸夢中䢵國今德

安府則所謂夢中當在德安府安陸縣之雲夢縣地北見
于經傳可考者一在江南近華容河一在江北近夏水皆
江沱支分中流之洲渚有草木鳥獸故可田也更以後世
志傳考之漢地志云南郡華容縣雲夢澤在南華容今石首監利縣
按古華容之南乃今華容境內地郭璞爾雅註雲夢澤在
華容東南巴邱湖蔡氏書傳岳州巴陵洞庭湖在其西北
按古華容之東南卽今巴陵之西北今華容縣境今華容
縣南据巴邱湖北据古洞庭四面距水中有容陵縮亘百

餘里此皆南沱中之雲夢即左傳江南之夢濟江入雲者也又地志江夏郡西陵縣（今黃州之蘄州黃岡府皆縣地）有雲夢宮編縣（今安陸京山縣）有雲夢宮水經註云雲杜縣（亦京山縣）東北有雲夢城又夏水東逕監利縣南（今監利縣江陵界）縣土卑下澤多陂陀西南自州陵東界逕于雲杜沌陽（今漢陽縣）爲雲夢藪此皆北沱中之雲夢即左傳近郢之夢也蓋江分南北二沱江沱間必有大洲其水謂之沱其洲謂之雲夢合洲與水謂之洞庭謂之雲者如雲之現滅不定謂之夢者如夢之倏忽有變其

畧高曰夢、畧低曰雲、故雲方土、而夢已作乂矣、江南北皆有雲有夢、故左傳既言江南之夢、又言鄖夫人棄諸夢中、而所謂涉睢濟江入雲中者、明在江之南、羅泌乃專以江南爲夢、江北爲雲者、非也、枝江以東、黃州以西、京山以南、岳州以北、中間湖渚、皆雲夢之地、故司馬相如以爲方八九百里、朱子云、江陵之下、連岳州、是雲夢地理、今釋東抵蘄州、西抵枝江、京山以南、青草以北、皆爲古之雲夢、語有詳畧、意則同也、

大江至荆岳之間西來北轉怒勢難回遂日徙而東西岸
自江陵以降洲淤二百餘里東岸則水掃山脚如江陵監
利間夏水故道今皆淤塞而監利東境之白螺山楊林山
沔陽東境之螺山黄朋山漢陽東境之大軍山小軍山山
脈皆自東來因江水漱入遂在西岸監利未築堤之前春
夏水泛諸山猶在水中築堤以後始儼然西方老岸矣乃
知江至荆岳間多變徙者地勢固然幸臨湘嘉魚一帶山
阜抵捍故不爲大害耳夫江勢東趨監利沔陽本皆江中

洲渚漸淤以高然猶春夏被水明代築堤遂成樂土但時復崩圮亦無永固之法唯在典司者相其衝而爲之脩考監沔之地大江西來沅湘南滙然沅湘合數郡之水長不過二千里水平而緩大江自藏地巴薩通拉木山逕歷之蜀曲折一萬餘里勢疾力猛什倍沅湘故堤之受病不在沅湘之泛而在長江之撼幸江勢東趍正衝臨湘蟠魚山陵之地而監沔江陵處其隈澳不當横衝故爲害不甚唯江陵監利南境小曲處小有衝激輒易崩圮故自來湖北

堤崩多在江陵監利之南境而不在監利沔陽之東境亦見大江之衝力猛其鋒難當而沅湘力緩一入大江即被大江牽以東北不能橫截江水以撼湖北之堤也爲之計者亦於江陵監利之南大江曲折衝激處謹爲之防而已至沔陽北境潛漢受漢之衝又當加謹益漢自安陸以降正向南流至沔陽而東轉當其衝激也經言土臾作乂未言隄防說者謂九澤既陂陂亦隄堰或隄以禦泛溢或堰以資灌溉其利一也

過九江○九江孔殷

江水又東過監利縣南華容縣北至岳州府治西北之荆河口而沅湘諸水自南來會之○鄭注九江山溪所出其孔甚多按鄭氏註簡奥不曰山所出溪而曰山溪所出不曰其水甚多其水孔多而曰其孔甚多盖謂九江伏流乃山溪所出其孔穴甚多也九氿通伏流之稱爾雅氿泉穴出尚書古文多不加偏旁如弱水說文作溺水黑水史記作濕水伊水韻會作洢水禹貢皆無水旁則爾雅作氿而

禹貢作九亦古文然耳山海經云洞庭之山帝之二女居之是常游于沅澧之風交瀟湘之浦是在九江之間按山海經洞庭山在龜山東三百九十里柴桑山西一千四十里龜山乃禹鎖巫支祈處在今湖北漢陽府治近世漁者於此山下網得一物如猴加鐵索鐵鎖重數千斤如睡如癡識者以爲巫支祈急撥原處今俗尚稱龜山柴桑乃晉柴桑邑在今江西九江府德化縣古里甚短百里約當今之五六十里則洞庭山在龜山柴桑間當今武昌府東之崇陽夫崇陽之山在九江間則九江所在可推矣水經云

九江在下雋西北下雋乃今巴陵劉歆云湖漢等九水入
彭蠡爲九江水經註云贛水合廬溪湓盱濁餘鄱僚循爲
九江又云南昌縣卽廬江郡之南部王莽改曰九江郡司
馬遷至廬江曰過九江口安得禹迹而觀之又曰余南登
廬山覩禹疏九江諸說若不同者余謂本無不同但未細
按鄭註孔字爾雅穴出之義則若不同耳按山海經海內
東經云湘水出舜塟東南陬西環之入洞庭下又云沅水
出象郡鐔城西又東注江入下雋西合洞庭中二條書法

與他條殊他條如廬江水入江彭澤西淮水入海淮浦北之類稱西稱北未有稱下者今湘水不稱入江而僅称入洞庭不稱洞庭北而特稱洞庭下文意獨變故郭氏註云洞庭地穴也在長沙巴陵今但縣南太湖中有包山下有洞庭潛行水底云無所不通號爲地脉夫郭氏不以洞庭爲湖名而必引地穴之說誠據經文不言北而言下以伏流地穴之下不言江而但言洞庭以伏流他出不盡入江也廬江入江彭澤西之類皆無復贅文今沅水既称注江

入下雋西又稱合洞庭中其爲鄂州之洞庭耶（漢陽監沔未築堤時皆爲洞庭湖）則江郎洞庭何須複及江郎洞庭未會他水併更言合其爲巴陵之巴邱湖耶（青草湖亦通稱洞庭）則沅水入洞庭而後注江何不稱又東過洞庭入江下雋西而倒置若是雖如郭氏說則沅水顯流北折注江而伏流東合湘入洞穴無復舉倒置之疑矣參諸後世記載羅含湘中記云巴陵有地道郭璞江賦爰有包山洞庭巴陵地道潛達旁通幽岫窈窕水經註包山旁有夏架山潛通洞庭又云湘水至

洞庭湖湖中有君山有石穴潛通吳之包山長沙府志洞庭有二穴東南入洞幽邃莫測昔闔廬使令威丈人録洞秉燭行七十日不窮而反又云湘水有大濩穴每春夏江漲皆奔入穴中此類甚多此九江乃氿泉穴出之明証余嘗泛洞庭湖中竊見夏秋水漲周圍數百里下流至城陵磯入江乃狹止七八里冬春水涸沅水所滙西湖誌稱旧名大漠穴湖者尙濶一二百里下流至布袋口入湘乃止一二里夫上流極濶下流反狹何以能瀉因思水經注于

雲南滇池上闊下狹者謂有伏流他出故下狹能瀉參以大漠穴之名義乃知洞庭中果有伏流他出古人之言不我欺也合諸書參之則洞庭湖水由巴陵地道伏流逕武昌府之崇陽而入鄱陽湖故鄱陽亦名九江而洞庭山在崇陽者正在九江之間也洞庭者空洞之庭因江伏流其下故得此名又山海經洞庭之山東六百三十里有山曰江浮山在今九江府南地疑亦以九江伏流所經故得此名古人察理精審必有以驗其伏流所經者也晉張僧鑒

尋陽記云湓城有井甚深大江有風浪此井輒動土人稱爲浪井晉何晏九江志云東與人家會以木甑沉井中乃流出連樊溪甘諸得之此乃泉穴相通大抵九江府一帶地多中空足驗洞庭空洞九江穴出之義禹貢記沇水三伏則九江之孔穴豈足怪耶九江於鄱陽一現又復伏流逕廣信諸府至蘇之太湖乃復現故太湖亦得洞庭之名山海經云浮玉之山北望具區苕水出焉北流注于具區周禮職方揚州澤藪曰具區註謂卽太湖按山海經浮玉

山東距海四千里則非會稽之浮山當在雲南北盖雲南延江水分一支由更始水合酉沅入岳州洞庭又伏流至漸其水一名具區以下流得名正如太湖之名洞庭以上流潛通得名則太湖果與洞庭通而羅含郭璞道元志乘之言信而有徵鄭注孔穴之說不可易矣九江於岳州與江水合而潛分故過九江称過于鄱陽與江水再合而復分故北會於滙称會至于太湖入海勢甚大而源甚長與中江北江等故並列爲三江也鄭注禹貢以彭蠡爲南江

注周礼以太湖列三江、近世張明先以洞庭九江列三江、實無異旨、但後人不察鄭註孔字伏流之義、遂若互殊、而洞庭太湖之在南者、名曰南江、不若張氏依經文以九江中江北江並列爲三爲自然耳、然不識伏流通太湖之義、則自巴陵巳合大江爲一、安得下流又分爲三哉、夫諸家九江之說不一、有因山經洞庭山近潯陽、遂以潯陽縣大江中洲渚所分爲九江者、如漢志謂九江在廬江之潯陽、潯陽志載九江之名、然洲渚所分淤滅不常、九股八墒非一縣所能容，又經言過九江而不言播爲九江，則非大江自分爲九。導山言岷山之陽至于衡山，過九江至于敷淺原，江南之山亦不得過江而北。山海經言洞庭之山在九江間，崇陽正在洞庭、彭蠡之間。若九江在潯陽，則當曰在九江南，不當曰在九江間。蓋第見山海經洞庭山近潯陽，而不察間字之義，遂不知有伏流，而漫以潯陽當之耳。有因劉歆、道元之說，專以鄱陽九水爲九江，而東陵在六安州者。按禹貢經脉自岷山導江至東別之沱，至澧皆數百里一紀不應九江東陵乃于百里中叠叙其二且贛廬諸水已有其十況此外尚有相埒者雖限以九若湖中並注實只贛廬餘循國五水又不滿九也又有因水經下雋西北之說專以洞庭爲九江者如宋晁以道曾旼之說則以東陵爲巴陵而沅漸潕辰溆酉澧資湘爲九江朱子以上文巳言至澧遂去潕澧而易以瀟蒸拔禹貢經體數百里一紀不應于至澧九江東陵乃三百里叠叙其三也又導山自衡山過九江至敷淺原今所稱衡山至敷淺原止過

湘水不能過沅澧之九若以湘爲九江之經則湘水大不及沅不得爲經又洞庭湖中祇有沅湘澧資四水相對入湖並無九水溯上源潕漸辰溆瀟蒸計之則沅之上流尙有乾州河清棲河夷望溪黃石河皆長二三百里與漸溆畧等湘之上流有瀏溦洣耒汨溈之水與瀟蒸畧等不止于九欲合九字之數去此取彼終不能定再以山經之文推之山經洞庭之山帝之二女居之是常遊于沅澧之風交瀟湘之浦蓋如豈山之神遊淸冷之淵驕山之神遊聯

瀞之淵其神往遊而其山不必近其淵則洞庭二女既遊
沅澧瀟湘而洞庭山不必在沅澧湖中觀其介于龜山柴
桑間龜山在武昌柴桑在德化則其山非關湖山明甚而
專以九江爲洞庭湖可乎蓋九江自巴陵伏流逕崇陽之
洞庭山底乃瀞陽之南而東出鄱陽湖故酈道元據劉歆
說瀞陽志據漢志說晁氏曾氏據水經說皆得其一偏不
相悖而實相足但必明沈孔伏流之義乃知其相通耳夫
沈水三伏古今無異說何獨于九江疑之余嘗遊辰永諸

郡伏流甚多而示之如洞酉水至此伏流山下五里其上下皆大川行舟得舟行至此皆必搬貨踰山易舟尤其較著者大抵楚江多伏流不足異也

湘水出廣西桂林府興安之海陽山東北流分爲湘灕三派灕水東南流入海湘水東北流經全州入湖南東安縣零陵縣有泥江水自道州九嶷山西北流行五百餘里來會一謂之營水山海經所謂湘水出舜塟東北實湘水支源也又北經祁陽縣常甯縣有歸水自藍山縣西南九嶷

山合新田縣來之舂陵水行六百餘里北流注之又北經
衡州府治衡陽縣有烝水自縣西界大雲山行二百里注
之郴江水自桂東縣之桂水合桂陽縣之耒水郴州之郴
水行七百餘里來注之北經衡山縣有洣水自酃縣桂東
界山經茶陵攸縣合茶水攸水行二百餘里來注之北至
淥口有淥江水自江西袁州府萍鄉縣東北經醴陵縣行
四百餘里來注之北經湘潭縣城南有漣水自寶慶府邵
陽縣東北合新化縣北界水經湘鄉縣行五百餘里來注

之北經長沙府善化縣長沙縣有瀏水自瀏陽縣東大圍山行三百餘里來注之有新康河自安化縣東南界經寧鄉來注之北至喬口合資水支流又北至灣河口分爲二派支流東爲三十六灣河過湘陰縣城下正流至林子口合資水東北至黃陵廟合支派自此爲洞庭湖水盛則瀰漫浩淼涸則支渠錯見也又北有汨水自江西寧州界經平江縣湘陰縣長四百餘里注之北至巴陵縣有新墻河自通城龍角山經臨湘縣南行二百餘里來注之源流二

千餘里

沅水一名潕水出貴州平越府東北黃平府南金鳳山北流又東北經施秉縣鎮遠府之鎮遠縣思州府清溪縣有思州河自鎮遠府西北界來注之又東北經玉屏縣東南入湖南界經沅州府芷江縣黔陽縣有清水江一名豬梁江自平越府西北大山至清平縣有都勻府南來之馬尾河至黎平府天柱縣合靖州渠河來注之清水江實沅水上源較遠也又東至洪江司南有竹舟河即巫水

南自綏寧縣合城步縣諸水來注之又北至辰谿縣有雙龍江一曰漵水自漵浦縣來注之有麻陽河一名辰水自貴州銅仁府西北界來注之北經瀘溪縣有武溪一名潕溪自貴州銅仁府印江縣界入湖南乾州所合貴州界鳳凰營鎮筸鎮之水來注之又北東至辰州府治沅陵縣有北河即酉水出自四川酉陽州與貴州烏江界之平茶司合諸水來注之又東有清捷河自南來注之東經桃源縣有夷望溪自沅陵辰龍関東北流注之有白羊河首永定

界東南流來注之經常德府治武陵縣龍陽縣分爲三支
正支自龍陽東大湖南支自龍陽節港至沅江縣北合資
水支流入湖北支自牛鼻灘至安鄉界合桃源縣東北武
陵縣西北界來之漸水及澧水支流入湖三支之中支渠
叉交錯無數源流共二千三百餘里
資一名夫夷水出寶慶府新寧縣與廣西全州界之資鼎
山東北流經永州府東安零陵二縣西界至新寧縣之本
山鋪北有楊家山水自廣西界之三山鋪來注之曲折而

行約數百里至寶慶府治之邵陽縣有都粱水自武岡州西南來會之此水與夫夷略敵昔人以為資水源者也經府城北有邵水自縣東來注之北經新化縣有洋溪自縣西南來注之經安化縣有敷溪自縣南來注之經益陽縣分為數支南支由縣東南至喬口合湘正支由縣東至林子口合湘分入湖北支由縣東北至沅江縣城東北合沅水支流入湖各支又分數支支渠無數

山海經沅澧之風交瀟湘之浦按此篇以瀟與沅澧湘並

列爲四則瀟必甚大與三水畧等而海內東經詳記各水獨不及瀟水經因之亦不記瀟水經注引此作沅澧之風交湘之浦亦無瀟字唯湘水篇湘水至黃陵廟下云瀟者水清深也似合瀟湘爲一水柳宗元自稱居瀟水上亦沿酈氏之意夫使瀟湘果爲一水則山經何以並列爲四乎永州諸志遂以九嶷之營水及道州之濂水爲瀟至今無定論要皆以瀟爲湘之異源是祖酈意而失之者也夫沅水自貴州黃平縣至沅江縣入洞庭源流共二千餘里澧

水自四川酉陽州發源至華容縣入洞庭共一千餘里湘水自廣西全州至湘陰縣入洞庭二千餘里而永之瀟皆不過一二百餘里遂合于湘安能與三者並數乎余嘗沿湖遊歷見洞庭一湖有四大水來會正西曰沅正南曰湘西北曰澧而西南來者曰資資水亦發源廣西全州界歷永州零陵之西至益陽湘陰界合湘入洞庭源流亦二千里與沅澧湘勢均力敵竊怪前人何不引此爲瀟及細讀水經注瀟者水清深句不係于湘之上流而係于黃陵廟

下黄陵正當資水會湘之下乃知水經以資湘合而後稱瀟則所謂瀟者實指資水也又細考柳子厚所謂瀟水在永州零陵零陵之地湘水逕其東資水逕其西則所謂瀟水焉知非本是西境之資而後人誤以爲東境注湘之水乎然則酈柳之說以資爲瀟揆之地勢本無不合而讀者自忽永州諸志遂滋其譌耳

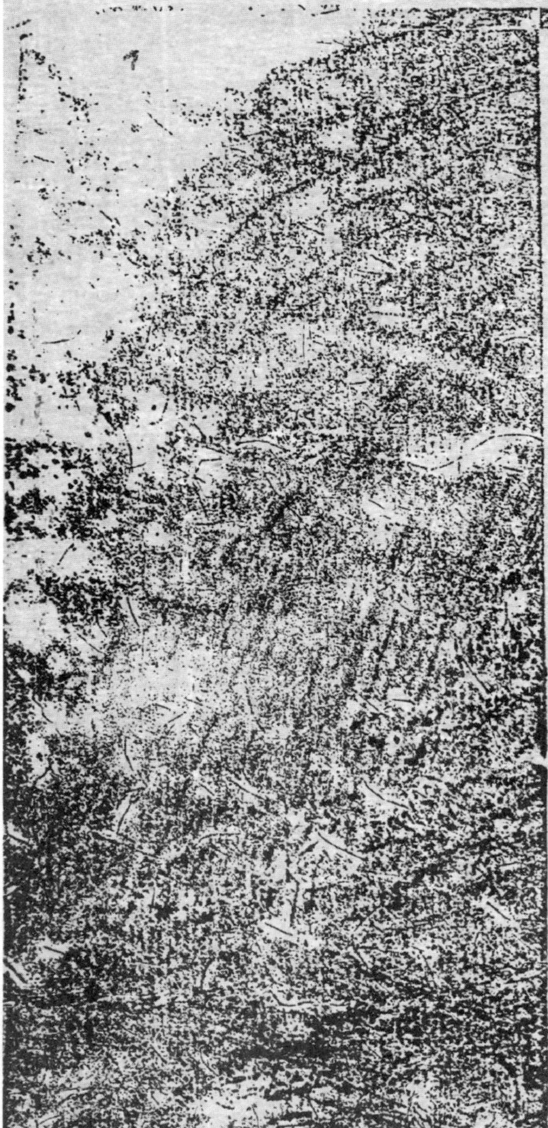

卷三

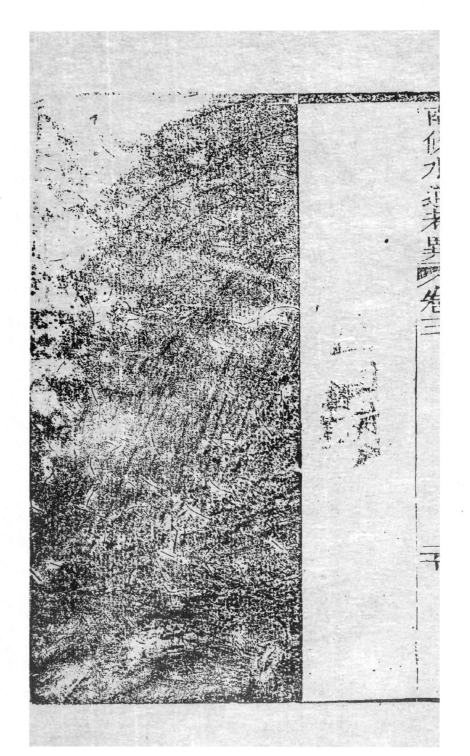

衡璣四星横轉爲杓也佩之有衡組綬直下而衡横中也帶之有衡頸直上而衡横也鍾之有衡甬直上而衡横也車之有衡輈直前而衡横也水名衡漳河北流而衡横也地名衡雍濟直流而雍横貫水經所謂十字溝者也由是以考岷山南支之山繇金沙江入貴州界東北至大定府分一支東北又由四川遵義府踰延江支津逕貴州銅仁府入湖廣界而盡于澧州華容之間正支又東行由貴州貴陽府至平越府又分一支入湖廣界而盡于辰州府城西

酉沅二水合處正支又東行折而東南至湖南靖州之綏寧而分一支東行盡于常德之龍陽正支又東行折而東南至寶慶之武岡州而分一支東行盡于衡州及長沙寧鄉正支又東行經永州之九嶷江西南安府之聶都界又分一支正北由郴州之桂陽至長沙之瀏陽入岳州界起幕阜而盡于九江府之廬山是貴州以來分支皆順迤直至九嶷聶都乃橫折而轉自九嶷東行則幕阜廬山之支爲橫曰廬阜而南則聶都九嶷之巔爲橫故名曰衡此乃於衡[illegible]

名義最得也孔安國書傳云衡山江水逕其北盖九[illegible]
都乃衡山正領廬阜乃東北一支麓江水逕廬山北是亦
衡山北麓也若如地志衡山在今衡山縣則北至大江隔
資元澧諸水何能經其北平水經注秦始皇三十六年登
廬山嘆斯岳遠邃王彪之廬山賦曰雖非五岳之數實峻
極之名山王勃亦言南昌地接衡廬皆以廬擬衡岳岳州
幕阜山本名天岳郡以此名王制自江至于衡山千里而
遙自岳州北大江距永州九嶷得千餘里若自岳至衡山

不過七百餘里、何得云千里而遥乎、由是言之衡山不在
衡州、而在光饒亦明矣、然則相傳以衡州爲衡山何哉、曰
此亦有以也、書云柴望秩于山川、爾雅梁山晉望、古之祭
山者、皆于旁之高山望而設祭、而不登本山、以爲祭其山
而踐踏之近不敬也、而其後相沿、遂以其旁設祭之山、亦
名爲岳、是故爾雅稱華山爲西獄、又曰河西獄、以西嶽與
祀西嶽之山、皆稱爲岳也、東岳泰山、東山經有兩泰山、又
中山經有泰山、所祀不一、其處也、恒山爲北岳、在今山西

之渾源州而漢地志謂在常山郡上曲陽乃今直隸真定府之曲陽縣相去百四十里中隔洹水亦其望祀處也嵩山爲中嶽在今河南登封縣而冀州又別有太岳河南又別有嵩高縣非歷代望祀之異處乎九嶷稱岳山而衡州亦有衡山爾雅又稱霍山爲南嶽（今江南廬州霍山縣）亦歷代望祀之異處也爾雅疏霍山亦名天柱漢武帝移其祀于此土人皆呼南嶽說者又謂軒轅以衡霍爲灊之副朱子謂唐虞時灊山爲南嶽是其徵矣蓋三代之時以九嶷爲南嶽故

于衡望祀或嫌其遠而以九嶷之麓北盡廬山遂于廬山北之霍山望祀之東漢都長安自長安至衡山道出荆襄今不移之荆襄而必移之廬江豈不以其爲山麓所在哉漢初諸人尚知此義漢志未加分晰後人相沿漸失其旨遂不知九嶷之爲南衡岳矣　敷淺原所在經傳無明文漢地志謂豫章歷陵縣今九江德化縣有傅陽山古文以爲敷淺以傅敷音義相近也朱子疑德化之山卑小不足有所表見而謂廬阜足以當之又疑其無所考據又引晁氏在江

入海處之說而蔡氏所謂不止九江愚皆嘗考亙稽竊謂朱子所引晁氏之說爲不易也夫禹貢導山皆起九州之極西而盡于九州之極東初支終于碣石近東海處次支終于青之陪尾三支終于安豐之大別皆距東海不遠此支亦嘗終于距海不遠之地若德化與廬山則此支獨半途而止而豈有是理乎或疑近海無高山可紀不知禹貢導山皆稱山惟此稱原按爾雅廣平曰原禹貢東原原隰皆係平曠則敷淺原亦當類是是故禹貢九州惟兗揚二州

不紀一山兗圖低平無名山可紀揚雖有山而當江漢下流洪水初平之世皆覺平淺不高峻故統稱曰原而又名之曰敷淺大抵饒歙以東盡于通州起自黃山迄于狼山諸岡麓皆古敷淺原也夫朱子所以疑于晁說者特以舊說謂九江即洞庭故疑衡山至海所過不止九江耳若知鄭氏九江伏流之解則衡疑之脈過江西貫信建昌以至饒歙恰當九江伏流注太湖之上也大抵九江之說明則衡山敷淺原可定衡山敷淺原之說定則九江所在益明

矣

山海經廬江出三天子都入江彭澤西贛水出聶都東北入江彭澤西○鄱陽水西起沅湘洞庭東逾太湖入海時見時伏脈絡隱逸而其頭流于外者則山經所記廬贛諸水也夫贛水古今無異圖而廬江多殊說按山海經本經上文云浙江出三天子都郭註出新安歙縣在閩西北入海餘暨南今浙江蕭山縣據此浙廬二水共出一山一東流入海一西流由鄱陽入江則所謂三天子都乃今徽州休寧婺源間之率

山故云在閩西北郭氏所謂黟縣也水經之文與此畧同而酈元誤解謂廬江水出廬山入鄱陽湖夫廬山在鄱陽湖西則其東流之水止入鄱陽安得入海乎餘暨又安得在閩西北哉蓋山海經 水經以率山所出之水爲廬江水在鄱陽東後世以廬山所出之水爲廬江水在鄱陽西酈元以後世所謂廬江釋古廬江故致名實互謬矣酈元之注詳覈固多臆鑿亦復不少余嘗評其紕繆若此類者數十事以非禹貢山經所紀者不盡錄存此以見 讀古人書

不可爲斷愚按南方之澤洞庭最大太湖鄱陽次之而禹貢不專紀鄱陽者以經稱過九江九江指洞庭鄱陽之伏流已足相賅也然鄱陽又自別有數源山海經云廬江水出三天子山此東源也又云贛水出聶都東北入江彭澤西此南源也東南二源南源較長故水經特誌贛水而水經註及廬章潦盱濁餘鄱僚循九水乃其支源耳今考贛水上有二源西源曰章東源曰貢章水出湖南郴州界桂陽縣東之孤山東北入江西之南安府逕崇義縣上猶

縣南康縣至贛州府治會大庾縣來之池江水又東北流至府城北而會貢水貢水出福建汀州府長汀縣西北山中西南流入江西瑞金縣又西逕會昌縣又西北逕安遠縣至雩都縣合寧都縣來之雩水一曰綿川水又西北逕信豐縣至贛州府城北而合章江水章貢合流爲贛江北流逕萬安縣太和縣至吉安府治之廬陵縣合廬水逕安福縣吉水縣永豐縣峽江縣新淦縣至臨江府治之清江縣分爲二支正支西北流會萍鄉縣來之秀江水而東合支流

又東北逕豐城西北歧爲二支東支會建昌府來之盱江支流至南昌府城西南而合西支西支會萬載縣來之錦水至南昌府城西南而合東支又北支渠無數其東北出者合盱江支流又合玉山縣東浙江常山縣界來之上饒江其西北出者會寧州西南湖南平江縣界幕阜山之修水支渠錯匯并爲鄱陽湖此南源也源流一千三百餘里東源廬江今日鄱水出江南徽州婺源縣之大鄣山西流合萬年縣之餘水祁縣之昌江水至饒州府西入鄱陽湖

不過七百餘里何得云千里而遥乎由是言之衡山不在衡州而在九嶷亦明矣然則相傳以衡州為衡山何哉曰此亦有以也書云柴望秩于山川尔雅梁山晉望古之祭山者皆于旁之高山望而設祭而不登本山以為祭其山而践踏之近不敬也而其後相沿遂以其旁設祭之山亦名為岳是故尔雅稱華山為西嶽又曰河西嶽以西嶽與祀西嶽之山皆稱為岳也東岳泰山東山經有兩泰山又中山經有泰山所祀不一其處也恆山為北岳在今山西

之渾源州而漢地志謂在常山郡上曲陽乃今直隸真定府之曲陽縣相去百四十里中隔洹水亦其望祀處也嵩山爲中嶽在今河南登封縣而冀州又別有太岳河南又別有嵩縣非歷代望祀之異處乎九嶷稱岳山而衡州亦有衡山爾雅又稱霍山爲南嶽（今江南廬州霍山縣）亦歷代望祀之異處也爾雅疏霍山亦名天柱漢武帝移其祀于此土人皆呼南嶽說者又謂軒轅以衡霍爲灊之副朱子謂唐虞時灊山爲南嶽是其徵矣蓋三代之時以九嶷爲南嶽故

于衡望祀或嫌其遠而以九嶷之麓北盡廬山遂于廬山北之霍山望祀之東漢都長安自長安至衡山道出荆襄今不移之荆襄而必移之廬江豈不以其爲山麓所在哉漢初諸人尚知此義漢志未加分晰後人相沿漸失其旨遂不知九嶷之爲南衛居矣　敷淺原所在經傳無明文漢地志謂豫章歷陵縣（今九江德化縣）有傅陽山古文以爲敷淺以傅敷音義相近也朱子疑德化之山卑小不足有所表見而謂廬阜足以當之又疑其無所考據又引晁氏在江

入海處之說而疑所過不止九江愚嘗綜考亙稽竊謂發
子所引晁氏之說爲不易也夫禹貢導山皆起九州之極
西而盡于九州之極東初支終于碣石近東海處次支終
于青之陪尾三支終于安豐之大別皆距東海不遠此支
亦當終于距海不遠之地若德化與廬山則此支獨半途
而止而豈有是理乎或疑近海無高山可紀不知禹貢也
山皆稱山然此稱原按爾雅廣平曰原禹貢東原原隰皆
係平曠則敷淺原亦嘗類是是故禹貢九州惟兖揚二州

不紀一山兗圖低平無名山可紀揚雖有山而當江漢下
流洪水初平之世皆覺平淺不高峻故統稱曰原而又名
之曰敷淺大抵饒歙以東盡于通州起自黃山迄于狼山
皆岡麓皆古敷淺原也夫朱子所以疑于晁說者特以舊
說謂九江卽洞庭故疑衡山至海所過不止九江耳若知
鄭氏九江伏流之解則衡疑之脈過江西廣信建昌以至
饒歙恰當九江伏流注太湖之上也大抵九江之說明則
衡山敷淺原可定衡山敷淺原之說定則九江所在益明

矣
山海經廬江出三天子都入江彭澤西贛水出聶都東北入
江彭澤西○鄱陽亦西起沅湘洞庭東逾太湖入海時見
時伏脈絡隱涵而其顛流于外者則山經所記廬贛諸水
也夫贛水古今無異閩而廬江多殊說按山海經本經上
文云浙江出三天子都（郭註出新安歙縣）在閩西北入海餘暨南
（今浙江蕭山縣）據此浙廬二水共出一山一東流入海一西流由
鄱陽入江則所謂三天子都乃今徽州休寧婺源間之率

山故云在閩西北郭氏所謂黟縣也水經之文與此畧同而酈元誤解謂廬江水出廬山入鄱陽湖夫廬山在鄱陽湖西則其東流之水止入鄱陽安得入海乎餘干又安得在閩西北哉蓋山海經水經以率山所出之水爲廬江水在鄱陽東後世以廬山所出之水爲廬江水在鄱陽西酈元以後世所謂廬江釋古廬江故致名實互謬矣鄭氏之注詳覈固多臆鑿亦復不少余嘗評其紕繆若此類者數十事以非禹貢山經所紀者不盡錄存此以見讀古人書

不可爲斷憑也南方之瀦洞庭最大太湖鄱陽次之而
禹貢不專紀鄱陽者以經稱過九江九江指洞庭鄱陽之
伏流已足相賅也然鄱陽又自別有數源山海經云廬江
水出三天子山此東源也又云贛水出聶都東北入江彭
澤西此南源也東南二源南源較長故水經特誌贛水而
水經註及廬牽淦盱濁餘鄡僚循九水乃其支源耳今考
贛水上有二源西源曰章東源曰貢章水出湖南郴州界
桂陽縣東之孤山東北入江西之南安府逕崇義縣上猶

縣南康縣至贛州府治會大庾縣來之池江水又東北流至府城北而會貢水貢水出福建汀州府長汀縣西北山中西南流入江西瑞金縣又西逕會昌縣又西北逕安遠縣至雩都縣合寧都縣來之雩水一曰綿川水又西北逕信豐縣至贛州府城北而合章江水章貢合流爲贛江北流逕萬安縣太和縣至吉安府治之廬陵縣合廬水逕安福縣吉水縣永豐縣峽江縣新淦縣至臨江府治之清江縣分爲二支正支西北流會萍鄉縣來之秀江水而東合支流

又東北逕豐城西北歧爲二支東支會建昌府來之盱江支流至南昌府城西南而合西支西支會萬載縣來之錦水至南昌府城西南而合東支又北支渠無數其東北出者合盱江支流又合玉山縣東浙江常山縣界來之上饒江其西北出者會寧州西南湖南平江縣界幕阜山之修水支渠錯匯并爲鄱陽湖此南源也源流一千三百餘里

東源廬江今曰鄱水出江南徽州婺源縣之大庾山西流合萬年縣之餘水祁縣之昌江水至饒州府西入鄱陽湖

此東源也源流長七百餘里湖南起南昌北至湖口縣入江南北三百餘里東西闊四五十里至百里不等形如葫蘆中為細腰也

東為中江入于海　三江既入震澤底定

江水又東北逕太平城采石磯又北經江寧府江寧縣西江浦縣東南岸有秦淮水出自句容縣經丹徒湖熟諸縣來注之又東北過鐘山掛山北中有長洲經句容縣北六合縣南北岸有滁河自含山縣逕全椒縣江浦縣來注之

東經儀徵縣鎮江府治丹徒縣之北固山銀山會運河南口南岸瓜洲江中有金山會運河北口，即淮揚邗溝通河處焦山江中洲與沙多又東北瀏可三十餘里經泰州南丹陽縣北自此江闊四十餘里又東經常州府治武進縣北泰興縣靖江縣南江陰縣北如皋縣南至通州西而東西相望六十里南經將支縣至崇明縣西北入海東四度七分往三十三度江自彭蠡與漢合流谷溪來入漢北出巢湖爲施肥北江入海江東出蕪湖歷江寧揚州爲中江至通州之海門縣入海謂之中江者一在江北一在江南大江居中也其南之一江故江也即九江之伏流自鄱陽出現後復潛行伏流過廣信建昌之境至蘇州出震澤入海其源發自[illegible]江其流盡于浙之安江淞江與江[illegible]勢力均[illegible]澤為九江經皆有江之名故並列為三江也導亦稱[illegible]江中江不記南枝者以震澤已見揚州九江又見導江互相備也導水之例凡支流已前見者則不復敘故河支為雝濟支為沮洛支為波雝沮已見兗滎波已見豫則導川不

及雎沮榮波、則震澤九江、已見揚荆、而導水不特敘、亦此義也、然九江之源流長遠、非雎沮波可比、故導水互見、聖經詳畧各稱其宜如此、諸家以禹貢不載南支、故疑中北之名無所取義、鄭氏釋禹貢以鄱陽爲南江、釋周禮以震澤爲南江、實與經文符合、張氏以鄱陽震澤經無稱江之名、不若以洞庭九江爲一江、尤暗合經文、但不揭明洞庭九江、潛通太湖之義、則九江與洞庭已合于荆、并流千餘里、何至揚州尚能分爲三、而鄭氏旣以彭蠡爲三江之一、文以太湖爲三江之一、又何自相矛盾、若知鄭氏九江伏流之義、則洞庭鄱陽震澤統名九江可以無疑矣、又水經以今瀏門入海之江爲北江、以江水支流合震澤入海爲中江、而別無南江、蓋以當時施肥水小、故疑其不足以當北江、不知漢時雖小、洪水初平之時、則必甚大、觀孟子有汝漢淮泗注江之文、山經有泰山環水南流注江之語、則施肥合淮之爲北江、復何疑哉、蔡傳以揚州三江爲震澤下流之婁江東江淞江、而經文所謂中北江者、棄而不論、蓋由不知古大别在安豐江漢至安慶始合復分之故因疑江漢不可復分中北而婁江東江淞江之名見庾仲初吳都賦注耳按国語子胥曰吳與越三江環之又曰與我爭三江五湖之利者非吳耶則震澤下流之三江古有此稱但棄經文之中江北江九江而别求三江近于添設且經稱淮海唯揚州揚州之地北跨淮南距海震澤三江乃其南之一隅豈舍江漢之大而錄其一隅之小者哉若曰揚州大江無俟濬治則亦安見其必無疏鑿之功況管子

荀子淮南子皆云禹疏三江又不一而足也

山海經大江入海長洲南明○漢郡國志廣陵郡東陽縣今泗洲盱眙縣有長洲澤吳王濞太倉在此故枚乘說吳王云長洲之澤服虔以爲吳苑韋昭以爲長洲在吳東蓋指廣陵之吳也揚洲古廣陵隋虞綽撰長洲玉鏡蓋煬帝在江都所作也今揚洲江都縣按盱眙近淮江都近江是江北淮南之地古名長洲蓋以漢淮自上流施肥相通則其下流江都等處四面距水若洲渚然故有長洲之名山經所謂入海長洲南

者、卽今海門入海之地。或據吳越春秋吳闔廬走犬長洲、疑當在蘇州之長洲縣。此乃武后所置、王伯厚嘗論其非矣。海門入海東四度奇極三十二度淞江入海東四度奇極高三十一度奇

周禮職方氏揚州其澤藪曰具區。○爾雅吳越之間有具區、註謂卽今蘇州太湖、正在吳越閒、故注者無異說。然山海經浮玉之山、苕水出焉、北流注于具區。按下文浮玉東至漆吳蹲于東海、凡四千八百里。今太湖至東海不過數百里耳、何能四千餘里乎。以四千里準考之、當在今雲貴之

地其水東北流不能逕至太湖然愚考水經注楚之洞庭與吳之太湖潛相通因思水經注延江水出犍爲南廣縣（今雲南永寧州四川之慶符南溪縣地）又東至牂柯鱉縣（今貴州畢節衛）至巴郡之涪陵縣（今四川重慶府之涪州酉陽州之黔江縣彭水縣地）又東南至武陵酉陽縣（今永順府保靖縣）入于酉水入沅注洞庭然則雲南之水入四川界者能由洞庭以潛注太湖故通得具區之名山海經所謂具區亦即太湖也左傳僕區區訓伏匿此具區爲伏流之證嘗疑震澤湖大而源短西源爲宜興縣之荆溪長興

縣之鍺溪夾浦港西南爲孝豐縣之苕溪臨安之餘不溪皆長不過二三百里、而廣乃五百益以別有伏流從地出故也、至浙江一水、源流長可千餘里、而不正注湖、唯支流注湖、故山經附詳、以地稍荒遠、故禹貢不及焉、浙江以南福建郃武之地、又有二水、分東南流、東流入海者曰建水、長千三百里、南流入海者、曰汀水、長七百餘里、與浙江略等、與湖不相通、禹貢山經概不及、昔按湖內東經云閩在海中、何喬遠閩書云、福建諸府擬地、皆得爛船板、蓋昔爲

海沒故山經目以海而不名以水耳、

其川三江○即禹貢所謂中江北江九江也舊說或以爲淞江婁江東江此吳之一隅、或以爲浙江錢唐江剡江此越之一隅、土人因其別支有三名之不足以當三江之正、或以爲大江在北松江在中浙江在南稍爲近似然浙江亦小其長不過千有餘里不可並列爲三而楊州北距長淮古漢水所通勢甚洪大豈得遺之愚故以禹貢之三江即職方之三江也其浸五湖○浸謂水可引以灌溉田畝者也鄭註訓浸爲澤旣已與澤藪之義相複且荆浸潁湛豫浸波溠青浸沭沂兗浸盧維雍浸渭洛幽浸菑時冀浸汾潞并浸淶易除盧水無明証外其餘錯見經傳皆川而非澤則浸之非澤明矣五湖五水與太湖相通者故稱五湖非真湖也虞翻曰水通五道謂之五湖東通長洲松江南通安吉霅溪西通宜興荆溪北通晉陵滆溪西南通嘉興韭溪是矣顧五湖之解紛紛不一何氏以爲彭蠡洞庭巢湖太湖鑑湖圖經

以爲貢湖、游湖、胥湖、海梁湖、金鼎湖；韋昭以爲胥湖、蠡湖、洮湖、陽湖、太湖；義興以爲太湖、射湖、貴湖、陽湖、洮湖；史記正義云游湖、蕪湖、貢湖、護湖、胥湖、太湖；索隱以爲具區、洮湖、彭蠡、青草湖、洞庭湖；或云太湖、射貴湖、上湖、洮湖、滆湖。是皆沿鄭氏釋浸爲澤之誤，與職方各州不合。又考國語子胥曰：與我爭三江五湖之利者，吳也。又曰吳越戰于五湖。又曰范蠡泛五湖。吳越之間唯太湖爲最大。張勃引此以爲說，近之矣。然竟謂五湖即太湖，因周圍五百里得名豈不與經文具區相複虞翻謂以水通五道得名謂震澤因五水得名則亦複具區謂所通之五水爲五湖以通湖得名而其實非湖則與各州藪淶易等浸皆一例而又不與具區相複秦之國語史記無不相合矣

江水古今變徙附〇古江漢于武昌合而復分漢魏以後漸并爲一此一大變也古漢水由巢湖分注施肥合淮爲北江漢魏以後淤漸淺涸而北江之名乃不可復識此又一大變也古江由蕪湖北至海門入海與太湖不通流矣

子胥伐楚始溝蕪湖以通太湖謂之胥溝其後漸漱以潤而中江下流乃與南江混此又一大變也吳伐楚溝邗以通江淮於今揚子江而蘇常之際江與太湖亦溝通焉于是南江中江北江下流皆逼此又一變也明時築築胥瀆使蕪湖太湖之水復不通流而下流蘇常揚子遂爲亘古運河雖人力之爲亦地氣之徙矣

禹貢南條水道考異卷五

導黑水至于三危入于南海　雍州黑水　梁州黑水

禹貢經例導水不言所出者以不止一水不可專言所出之山則導黑不言山者凡水黑色者皆得名黑黑水不一以今考之金沙其黑水正源瀾滄河底南盤其皆黑水重源而瀾滄其重源較遠者乎知瀾滄爲黑水重源者按水經注所謂蘭倉入若水乃今金沙江與永昌郡之葉榆河一名瀾滄者隔山不相通而其下文又云至永昌郡是伏

流相通也通典土蕃有可跋海東南流入西洱河合流而東號漾濞水又東南流出會川爲瀘水可跋海乃金沙上源之烏蘭池與西洱漾濞隔山而能通流是亦指伏流也今以其源流考之金沙江出自西藏巴薩通拉木山西北五百里之山曰勒斜尔烏藍達普蘇阿林山西二十七度五分極三十五度六分水曰喀七烏藍木倫東流曲曲九百里會巴薩通拉木山之水及衣克諾莫渾五巴什之水嶺南水入潞江又北百餘里會格尔吉匝噶那山東烏蘭池之水池周七十餘里西

[illegible][illegible]記以北注金沙江也、隔山即瀾滄江潞江[illegible][illegible]可[illegible][illegible]也水專入金沙不入瀾滄[illegible][illegible]

者或分爲二派、一入金沙、一入漾備蓋本于通典之意通

頭可跂海下又云東南流而分漾備瀘水似有伏流相注

也 又東流千餘里、源至此已二千餘里 北受雜佛洛巴顏喀喇達巴

罕之水、此山當北與星宿海相當 又東南流二千餘里、入雲南麗江府

塔城關之東、已行四千六百餘里 又東南流、正支折東北至雪山北、

一支伏流踰鶴慶府入西洱、合瀾滄支流漾備江至雲州

與瀾滄正流合、瀾滄江出自西藏喀木之坐里岡城西北

千餘里、格不吉匝噶那山南、逼金沙伏流在諾莫渾烏巴

什山之東北三百餘里、一名匝楚河、東南流一千二百餘里、而會西源、西源出坐里岡城西北八百餘里巴喇喀拉丹蘇克山、曰鄂穆河、亦行千餘里、至乂多廟東境而東西源合流、又東流一千四百餘里、至雲南塔城關西、入麗江府境、逕怒山東北、（西十七度三分極二十七度四分東去金沙江入關處百七十里西去潞江入边處百）二十里、南流至小甸塘、分爲二支、（西十七度一分極廿七度一分）正支西南流、逕雲龍州、永昌府、折東南流、逕順寧府、至雲州、又流東南行曰漾備江、（一作漾濞）至劍川州、合西洱河、一曰洱海（源　辰）

千餘里海廣二十里長四十里西南過蒙化府東南至雲州與正支合流西十六度一分極廿四度七分又東南一千餘里入阿瓦國界西十五度極高二十一度七分自源至此共行五千一百餘里又逕老撾國入安南國為富良江又可千餘里入南海二江潛流相通故同得瀾滄之名然流雖合而源則殊故又為黑水支源也知河底江亦黑水重源者水經注江水至武陽縣今新津縣合布僕水布僕水出邛崍山今四川邛州有支流東南至雲南郡之蜻蛉縣今姚安府大姚縣又東至永昌郡邪龍縣今大理府趙州地合葉榆之貪

水、今大理之太和鄧州賓川皆古葉榆縣此所指乃東境近越州處又東南經寧州建寧縣、今順寧府東境廣南鎮南諸府地至來唯縣合勞水、又至交趾入海、今邛州之水南流者合灌縣大渡水、東流者至嘉定入江、與大姚之金沙江隔山不通、唯打沖江南至大姚北入金沙、江水利志亦云、江水于羊腸嶺分爲二岐、一西南流爲大渡水、合金沙江、是大渡以北之水、果能越大渡以合金沙、蓋邛州水合大渡後、正流東入江、而支流伏行合打沖以入合沙鴉龍江出西藏巴顏喀喇山至喇滾司西合打沖河鹽井河行二千餘里入金沙故打沖

海上絲綢之路基本文獻叢書

鴉龍遁名大渡也金沙至大姚北又與趙州之河底江隔山不通而云南至邪龍是金沙江正流自雪山北南過鶴慶府至大姚縣北會川衛南合打冲後正流又東過武定府北滇池水自南來注之東川府馬湖府至敘州宜賓縣入岷江別有支流自會川衛南伏流南至趙州也今河底江出趙州東境東南過鎮南府沅江府臨安府入安南國與所謂至來唯交阯者合則河底江爲金沙之伏流益見明矣以字義推之左傳僕區之法僕訓隱匿故水之隱伏者亦名僕

逼作濮濟水善伏其支流名濮乃其明証今水名布僕而鎮南諸府輿志以爲古濮夷地又河底之名似有水從河底湧出亦其佐驗也矩南盤亦金沙重源者水經注謂葉榆僕水于滇池潛注于澤其溫水篇又云溫水又西南會澤水與葉榆僕水合溫水即今南盤江是謂越州河底江伏流潛逼南盤江也以上下文推之水經注言溫水自夜郎縣西北流逕談臺又西南滇池于西北池周三百里許溫水又西南會澤水與葉榆僕水合即上所引又東南橋水注

之今南盤江出自霑益州、一名八達河、源出花山緯西十二度七分極南二十十五度七分南流至陸涼州、折曲北流曰涞江河、水經注所謂西北至談藁者也、又西南曲曲過路南州、河陽縣、合仙之湖水、潤三十里長五十里、西北源隔山之水、即入滇池、水經注所謂滇池在西北、又西南會澤水者也、又南逕彌勒州西至寧州、東南有小曲江、西自通海縣通海湖合瓜水來會湖南北廣二十里東西長四十里西北距瀾滄止數百里西十三度內外極廿四度內外即所謂今葉榆僕水者也、又東南至阿迷州與蒙樂河合河自州西石屏州發源異龍湖長三十里東流數十里伏于岩洞下東出又行三十里至燕子洞又伏流東出入南盤江伏流之處曰天生橋即水經注温水又東橋水注之者也橋水一名梁水漢置梁水縣後濮置梁水郡皆取橋梁之義以水經注上文會澤水下文合橋水推之通海水正當仙湖水天生橋水之間則通海湖屬葉榆僕水不明甚哉提綱謂通海湖泛溢亦由瓜水來會觀泛溢亦由之語似不常注殆亦如鹽澤青海渟而

不溢乃伏源壹見旋伏者湖名通海又伏以潛通洱海得省而下流蒙樂河水即天生橋水三見再伏盤江源凡二百四十里爲北盤江源亦伏行二十里復出亦名天生橋下流與南盤江合南北盤江二源之間別有一水東北過石龍之山又數十里伏入童山下不知其出流入河源大抵盤江諸源率多伏涌水經注合葉榆之說不信有徵哉山海經南山經雞山黑水出焉南流注海以今考之卽通海縣之通海湖也何以知之欲求山經某山在某州縣者必合全書推之南山

南山首經自招搖至箕尾二千九百五十里（古里甚短當今一千四百餘里）以大荒東經海外東經招搖青邱皆在東南推之則此篇所列在中國東南福浙二省地二經自柜山至漆吳七千三百里（當今三千六百里）柜山英水出焉西流注于赤水則此篇自中國西南怒夷界終福建建寧府西三經自禱過至南禺六千五百三十里（當今三十二百餘里）中列丹穴發爽山水皆南流至渤海齊都賦海旁出爲渤者南方濱海唯緬甸暨南間有廣南灣闊數百里長千餘里形如牛月與山東渤

海相敵餘處無可稱渤海者則此條所指在中國西南而發裘山東二千三百里爲雞山當今一千一百餘里發裘當在緬甸水南入廣南臨安通海恰在緬甸界東一千一百餘里故知雞山黑水即通海也今以通海湖下流推之湖自通海縣東南流合南盤江逕阿迷州廣西府廣南府入廣西西隆州東北流至泗城府北而北盤江出自霑益州西北倘塘驛在川貴界東北流至貴州威寧州伏流大山下東南二十里出流亦曰天生橋東南逕普安州永寧州南

龍州、入廣西界至泗城府北共、行九百餘里來會之、二源合流東逕東蘭州思恩府忻城遷江縣賓州來賓縣至象州而栁州江自貴州永從縣行千餘里來注之又東逕武宣縣、至潯州、而鬱江出自交阯廣源縣南源、及廣南府寧縣北源、行千五百里來注之又東流逕平南縣、藤州、至梧州、蒼梧縣、而灕水自桂林府興安縣、行九百餘里來會之、又東入廣東界、逕封川縣、德慶州東安縣、肇慶府高要縣、而賀江自連山縣、行千三百里來會之又東經三水縣廣東府城南、而滇江出自南雄府保昌縣、江西界行千餘里來注之、龍川水出自江西安远縣、行千餘里來注之、又南入海、自東海至此曲折四千餘里、然則黑水自巴薩通拉木山迄于廣東入海、自雍西南繞梁西南、故二州皆以爲界也、或疑境似稍濶者、按禹貢他州不過千里、當今一省地、而淮海惟揚、則跨江南安徽浙江福建及江西半省、共四省零地、荆衡惟荆、則跨湖北湖南貴州及江西半省、共三省零地、皆倍濶于他州、蓋時方向化、雖未盡内屬、不忍棄拒、亦如今之土司附隸各省苗猺附隸各廳地雖遥而實非闗耳闗百詩据舜本紀南撫交阯謂安南國爲舜時梁州界余以尚書宅南交之文推之良然則黑水爲金沙盤江明矣夫水以黑名取名以色金沙舊名麗水盧水麗盧皆黑色如馬黑爲驪土黑爲壚盧橘色黑見丹鉛錄楊升菴親至雲南謂金沙水黑水經葉榆河注謂此澤以葉榆所積得名程大昌據此謂水黒爲葉榆所漬地理今釋謂蕃地水多黑故金沙打冲瀾滄烝蒙黑名則地志謂黒水在南廣

縣今南溪縣金沙江于宜賓縣人江南岸即南溪水經注謂若水合黑水唐樊綽以爲麗江薛季宣以爲瀘水程大昌以爲瀾滄南山經雞山黑水在過海縣不皆相須乃備哉但不明伏流相通之說而或專以金沙爲黑水則金沙旣爲江源何又別名黑水或專以瀾滄爲黑水則其源甚短豈能爲雍州西界至水經謂黑水出張掖雞山地理今釋據爲雍西黑水然黑水出雞山本于山經而雞山本列南山經不列西山今以張掖雞山之水爲黑水似誤以南山爲西山殊不足據且

從來至其地者未聞水色之黑也嘗疑金沙爲江遠源禹貢導江何不遠溯金沙而近自岷江及考金沙伏流通瀾滄河底南盤以入海乃知金沙水雖入江而不盡入江故不得以爲江之正源且其入江者少而入瀾滄諸江者多故以爲黑水正源其水見雍梁二州故導江不及也自金沙江源至廣東入海起西二十七度奇至西四度奇相距二十三度曲折九千餘里與江河相埒則以此即導川之黑水亦無不可但欲求導川黑水必明三危之所在先儒

三危之說俱無定論水經謂三危在燉煌張掖縣又謂洛水從三危水江（水出今什邡縣）皆不合入南海之文樊綽以麗江所經羅些城北之山爲三危又或以瀾滄江所經雲龍州之三崇山爲三危頗合入南海之文然地勢太南宜屬梁境與雍州三危既宅之文不合唯鄭元謂三危當鳥鼠西南地勢頗合計其道里當在藏地金沙江東流南轉之處今金沙江發源東北行千餘里將轉東南處有格爾吉匝噶那山（在烏藍池南伏流入瀾滄源處當星宿海西）于雍州西南爲合而其流

又南入海雖無明文可証大約當在其地不遠也（山海經西山經有三危山在昆崙山西當九黑水上似覺稍遠別有考）抑考此山北極出地三十五度奇陝西西安府亦三十四五度則正當雍西不入梁境此山偏西二十四度奇闢展巴里坤間亦二十四度奇則正當闢展巴里坤間之南今闢展以西俱入版圖則禹貢三危在格爾吉匝噶那之地豈為甚遠且丕敘云者羈縻之意不必在九州之內故附于後而不列荊岐終南之間則不嫌稍遠也

山海經黑水附

海內西經崑崙之墟洋水黑水出西北隅以東東行又東北南入海羽民南弱水青水出西南隅以東又北又西南過畢方鳥東又云赤水出東南隅以行其東北西南流入南海厭火南海內南經云蒼梧之山帝舜葬于陽狌狌知人名在舜葬西窫窳龍首居弱水東在狌狌西海內南經結胸国在西南最遠次羽民次畢方鳥次厭火以次而東夫崑崙在中国之西則崑崙之水南流入海者五六大水唯河不

入南海赤水由東南至厭火者最內、近中土、弱青出西南至畢方鳥者、遠于赤水、黑洋由西北包繞青弱諸水之西而南至羽民者、更為極遠、西山經崑崙之邱、赤水出而東南流、青水出而西南流、黑水出而西流、與海內西經較簡而意畧同、洋黑同流青弱同流故各舉其一并河水為四大水此一黑水也、乃四大水之一、發於崑崙西北、而繞崑崙之西南、去中土絕遠、西山經崑崙山西一千八百里、曰軒轅之邱、有洵水出、注黑水、崑崙山西三千二百里、有三危山、似與經文導黑水至三

危相合者、然其遠已甚矣、夫欲知山經之所謂黑水、必知山經之所謂崑崙、前代說崑崙者、多出自傳聞、我

朝漸被遐覃、崑崙以西、俱皆臣附、紀載遂詳、凡西藏衞地阿里之境、一山一水、如數掌紋、而崑崙黑水、乃得其的、按提綱云、地勢徼外西行漸高、至岡底斯山而極、過此山西又以漸低、其山周一百四十里、四面峻絕、高出衆山百餘丈、積雪如懸崖、頂上百泉流注、至麓卽伏、有池俗號王母瑤池在藏地極西達克喇城東北三百一十里、直陝西西寧府西南五

千五百九十餘里西三十六度四分極高三十度五分實諸山之祖番言岡底斯譯言衆山之根疑即水經所謂阿耨達山也今按岡底斯山分四大支北支距北百餘里爲僧格喀巴布山遮達布里阿林山一名大雪山西爲岡里木孫山繞阿里而北二千五百里入喀齊國莫知所極西支西起藏文嶺二千餘里而盡于阿里西鄙桑納木多之地南支自麻尔岳木嶺右迤爲狼千喀巴布山西南爲悶那克尼兒山麻布佳喀巴布山薩木泰岡山亘阿里之南入厄訥特克國左迤東南三百里起

達木楚克哈巴布山枯本岡前山昂則嶺那木噶山沙盤嶺瓜查嶺亘阿里東南出藏南境同入厄訥特克國其東起沙苦牙拉山尚里噶巴嶺必普搭克拉克山綿亘二千餘里遥衞地喇薩至巴薩通拉木山皆爲崑崙正幹東南支自喇薩東南起查里克圖嶺察拉嶺紹布公拉沙爾山春多達嶺入緬甸界東支自巴薩通拉木山東南起諾木渾五巴什山入雲南界東北支自巴薩通拉木山起勒科爾烏藍達普阿林山右至黄河重源爲巴顏喀喇山入川

陝界左至甘肅及葉爾羌入西域諸国亦莫知所極、是岡底斯山、所發四支迄于四海、當即崑崙、而葱嶺以西最高處、爲崑崙正頂、岡底斯山乃其南方高峯、西山經所謂崑崙、即岡底斯諸山也、崑崙得、而黑水可定矣、今以山經崑崙諸水之序、求諸岡底斯間、拉楚江岡噶江、其即黑水洋水乎、今拉楚江出自岡底斯北、僧格喀巴布山之陽、在阿里之布則城東北極高三十一度一分西三十六度諸泉匯池廣數十里、西流折西南三百里、又西三百餘里、南愛藏支嶺北之水又西北曲折四百四十里、（北受野公泉水）又西北百餘里又西曲曲九百里受北來水匹（洵水當是其近東之水）至拉達城南、（三危當在其地）又西二百八十里始折南流、（西四十三度六分極高三十一度弱）至桑納木多地、（阿里西鄙也西四十三度三分極二十九度四分強）合岡噶江、（自源至此曲折二千八百里）岡噶江出自岡底斯西北狼干喀巴布山北麓、諸泉匯池西北流爲馬品木達賴池、周二百餘里、（又西爲郎噶池、合藏文嶺南水）西南流會拉楚江、（共行二千六百里）二江合西南流三百里至畢底城西轉南流二百餘里折東北（西·四十四度極三十七度七分）又東流曲曲千一百餘里又東南千餘里至那克拉蘇木多北鄙有麻楚河自東北麻布佳喀巴布山行八百里注之西三十六度四分極二十七度七分又東南二百餘里出阿里界經烏木巴柞木郎部落至厄訥特克国入南海拉楚源西南流故西山經稱黑水西流拉楚岡噶二江合後初向東北流東流千餘里乃轉東南入海故海內西經總稱黑水洋水出西北隅以東東行又東北南入海寔互相備也自發源至厄訥特克已曲折六千里并厄訥特克下不下萬里乃西方最大水故禹貢以次弱水後而

居導河先意此卽禹貢道川之黑水以山經三危里數証之無不合者或疑其太遠今考拉楚江發源處西三十六度奇至畢底西四十四度奇折至那克拉蘇木多西三十六度奇距川滇界二十餘度誠爲遼遠但今烏什之地西三十六度奇巴克達山之地西四十四五度而皆列版圖拉楚江源流所在與此正道豈禹時德化必難及此使禹生今世烏什巴克達山之地有大川如黑水者而必棄之不治乎然則謂此水卽禹貢黑水証以三危信可据也但

黑水在川滇之說相沿已久不敢遽以爲非並存以俻考焉、青水弱水赤水附崑崙入南海之水青弱赤皆不及黑之大然必知三水所在乃知黑水所在故附詳之、青水即今雅魯藏布江也出西藏卓書特部落西北界、西三十五度極二十九度、達木楚喀哈巴布山三源同發東北流轉東南流約四百里南受枯木岡前山之水北受沙若牙拉麻拉山之水又東南轉東北二百餘里有郎楚河水自昂則嶺來注之又東曲曲七百餘里至薩噶東南有薩楚藏布河考拉布池合必普掊克拉克山水行千里來注之又北流折西北又東北而東南曲曲四百里又東北而東南共曲曲三百里有水南自瓜查嶺北注之又西北而東北共四百餘里至拉則城北有郢宜楚藏布河自西北札木楚克池池周百里行七百里來注之又東北曲曲數百里至日喀則城北乃藏地首城今爲班禪所居有年楚河自西南來行八百餘里注之又東而曲曲數百里至拜的城北南岸隔山有牙毋魯克干木卒池北岸隔山有滕格里池皆不流不洄疑其有伏流潛注也又東北而東南經日喀尔公噶尔

城北有噶尔掐木倫江自東北米的克池合查里克圖嶺之水（嶺東即避江）行千三百里來注之又東南流千二百里至打格布衣那城北有年者河自北來合諸水行千二百餘里來注之又東南經禿哥里山入羅喀布占國（西二十度九分極高二十七度）有岡布藏布河自東北喀木界拉里廟合春多達嶺水行二千里來注之又東南有朋出藏布河自西北薩喀之瓜查嶺南行二千里來注之轉西南流入厄訥特克國公諸水自源至此已五千餘里又南入南海又可二千餘

圖盜以東北轉東南轉西南之勢無不合者衛內西經謂青水出西南隅以東又北又西南共十二字而括無數曲折眞化筆也西山經謂濤水出而西南流專指入海則又簡矣、提綱以此水為大黑水蓋此水出黑居西南與黑水出于西北之文不合弱水今拜的城南之牙魯克干木卒池拜的北日喀則城東北之滕格里池水也凡水名弱者皆力弱不能衝地成川而渟洄滲伏者辨詳北條今牙魯克干木卒池廣四百六十里中有三山一名米納巴一名鴉博士一名叅里山下出水時白時黑或成

五采湖水環之不涸不流滕格里池廣六百餘里周一千
餘里東西長南北稍狹其東有三水流入皆名香哈蘇
太河其西有二水流入北曰羅薩河南曰打爾古藏布河
合西來數池水亦渟不流蒙古謂天為滕格里有水色同
天者也二水疑皆參伏重出注雅魯藏布以入海故海內
西河以弱青連文合紀其派爾[illegible]溺水之源見
者以該弱水也自先儒創為不[illegible]之[illegible]水存[illegible]
可復識矣又按海內經云黑水青水[illegible]有九[illegible]絡[illegible]

有窫窳龍首是食人海內經云窫窳龍者居弱水中今牙
魯克干木卒池正當青渠之間中有三山皆水圍絡豈山
三即三山九即耶觀窫窳居弱水之說此即弱水無疑矣又
荒西經云崑崙之山下有弱水之淵環之今岡底斯山四
面峻絕頂上百泉流注至麓即伏地其即所謂弱水耶擲
指隊格里池賀卜諾尔池公生池馬品木
達賴池拉布池四面遶埴環繞者耶
赤水即今潞江
也蒙古謂之哈喇烏蘇蕃人謂之鄂宜尔楚源出衛地略
薩之北二百八十里當尚里查克嶺諸山之東北麓四圍
大山中爲平野有巨澤曰布喀鄂模源出南山澤廣袤環

回二百三十里當大流沙之東南騰格里池之東西二十五度極高三十二度至五分其水向西北流百餘里又成一澤曰厄爾及根鄂模廣百餘里折而東北流八十里又成一澤曰衣達鄂模廣長百里至此極高十三度餘乃轉東南流百五十里爲喀喇溢廣百二十里即古雍望之嘉湖也從南流出以上四澤遠所出南山之東北又東南流曲曲三百里折東北流四百餘里有沙克河自西北布喀山行八百餘里來注之布喀山北水入金沙又東北百里出衛地入喀木境折東南流有索克古且索河北自衣

克諾木渾烏巴什嶺[即諾莫渾烏巴什山西峯]西南流行六百餘里來注之又南曲曲一千六百餘里入怒夷界曰怒江又南流三百餘里入雲南麗江府邊界東岸麗江西岸怒夷[入邊界處西十七度五分極高二十七度三分]又南流曲曲六百里至傈傈界東南全流入雲南雲龍州境[全入處西十七度五分極二十五度九分○自麗江府邊界至此東距瀾滄江止百二三十里中則連山水東西分注]又南逕永昌府高黎共山東哀牢山西之水南合無梁山西之水西南流注之又西南流二百里入阿瓦国界流入南海自源至此曲折五千餘里阿

瓦国下又可千餘里計不下七千餘里其流亞于雅魯藏
布河入阿瓦国界西十七度半強極出地二十三度九分海內西經謂赤水出昆侖
墟東南隅以行其東北其字即指上文隅字今尚里查克
諸山在昆侖墟東南初源布喀池四澤繞其東北及流至
喀木亦在其東北是也又云西南入海指阿瓦界以下西
山經渾稱東南流則又約舉大勢語有詳畧意無異同也

南條補三則

汝出天息說者以为魯山縣北嵩縣界之山余竊以爲未是也夫汝有三源嵩縣界者其北源耳中源曰滍出魯山縣八十里吳大嶺南源曰沙河曰三里水出魯山縣西南盧氏縣界三源畧等而盧氏之源較長今考三里水與淯水同出盧氏縣界東南流至魯山縣乃分二支南支爲淯水逕裕州西入葉陽北支爲三里水逕葉縣舞陽之北東至郾城乃與滍合又東與北源之汝合是汝出盧氏曾分

一支入漢矣嘗疑孟子挾汝漢排淮泗漢水直注于江固應稱決汝水注淮宜與淮泗同稱排何亦稱決及以南源三里水覩之乃知汝水本有一支合漢注江故孟子以汝漢連文稱決而不與淮泗連文稱排古人一字皆有意義不察則不知也汝水源長于淮而不爲淮之正源者以有支流入潁不爲趨淮也然則藏方清亦稱潁以支流相通之故

余引東山經泰山環水南流注江以証北江爲漢淮之台猶疑孤證難据再以上下文考之而知其不易也按東山

經上下文云獨山末塗之水出焉而東南流注于沔又南三百里曰泰山環水出焉東南流注于江又南三百里曰北山錞于江錞者依近之意夫泰山北水亦注于沔泰山南山又近于江則淮合漢爲北江益明矣但所謂泰山乃沂水縣之沂山世謂之東泰山者也

余釋九江謂岳州之洞庭伏流通太湖厤有明証惟鄱陽瀦通洞庭昔無佐驗近檢荊州記云彭蠡湖卽洞庭湖一名宮庭湖張勃吳錄云彭蠡今名洞庭水經注引豫章志

亦云寓精爽于洞庭之山則鄱陽亦名洞庭蓋與巴邱湖太湖互通故同得是名益可見矣